Suivez-moi à New York !

Bien sûr que New York est la ville qui ne dort jamais ! On y marche toute la journée, on y danse toute la nuit, on y parle 200 langues et on essaie chaque fois (en vain) d'en faire le tour. Le seul danger : ne plus jamais vouloir en repartir !

Bienvenue à New York !

- **A** Downtown / TriBeCa
- **B** SoHo / Greenwich Village / Meatpacking / Chelsea
- **C** Chinatown / NoLIta / Lower East Side / East Village
- **D** Times Square / Theater District / Rockefeller Center
- **E** Midtown East / Fifth Avenue
- **F** Upper West Side
- **G** Upper East Side
- **H** Central Park / Harlem
- **I** Brooklyn Heights / DUMBO / BoCoCa / Park Slope
- **J** Williamsburg / Queens

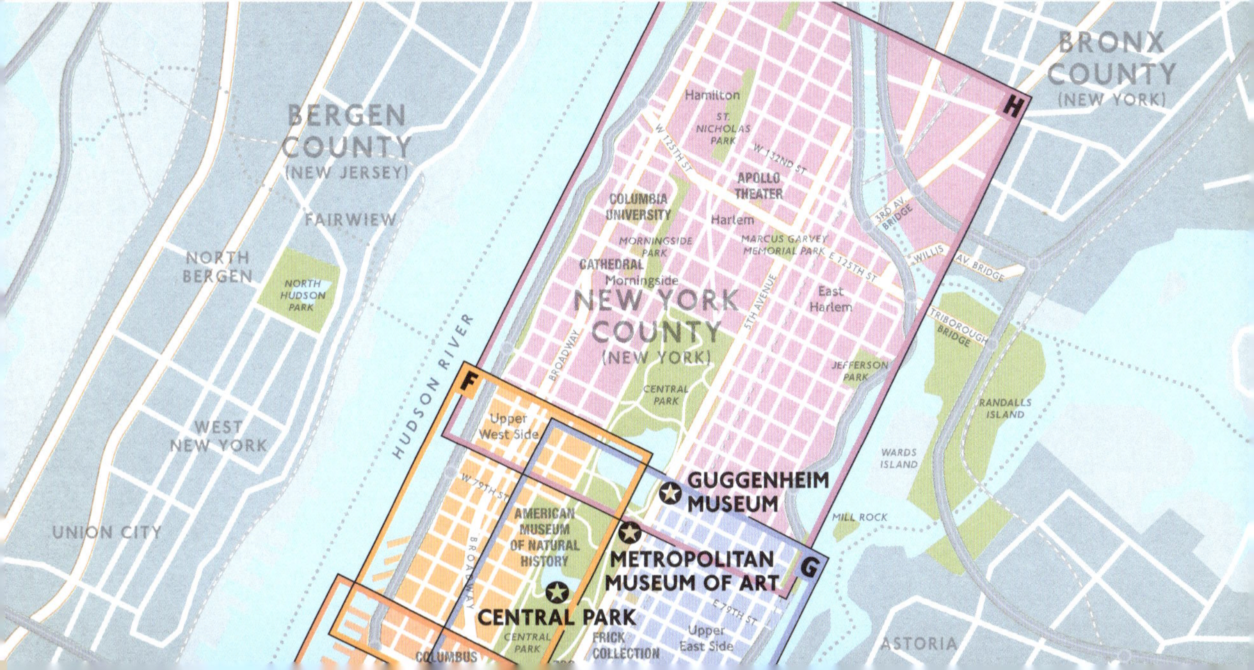

CARTE DE VISITE

- 8,4 millions d'habitants (1,6 à Manhattan)
- Env. 50 millions de visiteurs par an
- 5 arrondissements (*boroughs*) : Manhattan, Bronx, Queens, Staten Island et Brooklyn
- New York City occupe 3 îles principales : Manhattan, Staten Island et une partie de Long Island (*boroughs* du Queens et de Brooklyn). Seul le Bronx est sur le continent
- L'Hudson River marque la frontière avec le New Jersey
- 1$ = 0,93€

BOROUGHS NEW-YORKAIS

GROUND ZERO

FORMALITÉS

→ *www.office-tourisme-usa.com*
→ *https://esta.cbp.dhs.gov/esta*
Pour les Français, exemption de visa, sauf pour les anciens modèles et certains passeports à lecture optique délivrés après le 26 oct. 2005. Sans visa, formulaire ESTA obligatoire, à remplir en ligne au plus tard 72h avant le départ. Tarif 14$.

INTERNET

→ *www.nycgo.com*
Office de tourisme de New York.
→ *newyork.hopstop.com*
Calculateur de trajet.
→ *www.nyc-architecture.com*
Tous les gratte-ciel et des balades à thème.
Wifi
La ville est très équipée, mais la connexion souvent chère. Connexion gratuite dans les *public libraries*, à Battery Park, City Hall Park, Chelsea Market, Bryant Park, Metropolitan Museum, et dans la plupart des halls d'hôtels.

INFORMATIONS TOURISTIQUES

Official NYC Information Center (D E4)
→ *151 W 34th St / Herald Square Tél. 212 484 1222 Tlj. 9h (10h sam. ; 11h dim.)-19h*
Le centre d'information principal de l'office du tourisme.
NYC Information Center City Hall (A C2)
→ *Broadway / Park Row Lun.-ven. 9h-18h, w.-e. 10h-17h*
Brooklyn Tourism & Visitor Center (I B3)
→ *209 Joralemon St Tél. 718 802 3846 Lun.-ven. 10h-18h www.visitbrooklyn.org*
Attractions à Brooklyn.

TÉLÉPHONE

France-NYC
→ *00 1 + numéro à 10 chiffres*
NYC-France
→ *011 33 + numéro sans le 0 initial*
À New York
→ *Quel que soit le borough, nº à 10 chiffres*
Numéros utiles
Police, pompiers
→ *Tél. 911*
Urgent Care Center
→ *Tél. 212 737 1212 Tlj. 24h/24*
Urgences médicales.
MTA Lost and Found
→ *Tél. 212 712 4500*
Objets trouvés (bus, métro).

CALENDRIER

Jours fériés
→ *1er jan., 3e lun. de jan. (Martin Luther King Day), 3e lun. de fév. (Presidents' Day), dernier lun. de mai (Memorial Day), 4 juil. (Independence Day), 1er lun. de sep. (Labor Day), 2e lun. d'oct. (Columbus Day), 11 nov. (Veterans' Day), 4e jeu. de nov. (Thanksgiving), 25 déc.*
Janvier-février
Martin Luther King Day
→ *3e lun. de jan.*
Fête et défilé en hommage au pasteur, sur 5th Ave.
Chinese New Year's Festival
Parades de rue pour fêter le Nouvel An chinois, à Chinatown (**C** A6).
NYC Restaurant Week
→ *2 sem. fin jan.-début fév.*
Menus accessibles (25-35$) dans les grands restaurants. Réserver !
Mars-avril
Saint Patrick's Day
→ *17 mars*
Irlandais catholiques et joyeux drilles paradent en fanfare sur 5th Ave.
The Armory Show
→ *1 sem. en mars*
Foire d'art contemporain, aux Piers 92 et 94 (**D** B1).
Easter Sunday
→ *Dim. de Pâques*
Défilé sur 5th Avenue.
TriBeCa Film Festival
→ *10 j. en avr.*
Festival international de cinéma indépendant.
Mai-juin
Memorial Day
→ *Dernier lun. de mai*
Fin de la guerre de Sécession. Recueillement.
Museum Mile Festival
→ *2e mar. (variable) de juin*
Concerts de rue sur 5th Ave. (entre 82nd St et 105th St), et gratuité dans les musées de Museum Mile de 18h à 21h.
Juillet-août
Independence Day
→ *4 juil.*
Fête nationale. Célébration de la Déclaration d'indépendance (1776) et feux d'artifice sur l'Hudson.
Shakespeare in the Park
→ *Variable, généralement début juil.-mi-août*
Théâtre à Central Park.
Mostly Mozart Festival
→ *Mi-juil.-fin août*
Concerts au Lincoln Center (**F** B5).
Tennis US Open
→ *Fin août-début sep.*
Un des quatre tournois du Grand Chelem à Flushing Meadows (Queens).
NYC Restaurant Week
→ *En général, 1 sem. fin août-début sep.*
Voir le même festival en jan.
Septembre
Labor Day Weekend
→ *W.-e. précédant le premier lun. du mois (lun. fér.)*
Carnaval caribéen à Brooklyn ! Fête du Travail le lun.
Feast of St Gennaro
→ *Une dizaine de j., mi-sep.*
Fête de la Saint-Janvier à Little Italy.
Octobre
Columbus Day
→ *2e lun.*
Fête de la découverte de l'Amérique par Christophe Colomb.
Halloween Parade
→ *31 oct.*
Immense défilé de nuit dans le Village, animé par des troupes artistiques créatives !
Novembre
Marathon de New York
→ *1er ou 2e dim. du mois*
De Staten Island à Central Park, à travers les 5 *boroughs*.
Thanksgiving
→ *4e jeu.*
Célébration de la première récolte des colons sur le sol américain (1621). Fête familiale et fantastique parade sur Broadway entre Central Park et Macy's.
Décembre
Illuminations de Noël
→ *Durant tout le mois*
En particulier les vitrines des grands magasins et le sapin de Noël géant de Rockefeller Center (**D** E2).
Christmas Day
→ *25 déc.*
Noël, fêté en famille.
New Year's Eve
→ *31 déc.*

ARCHITECTURE

Style fédéral (1780-1830)
Importation du style georgien anglais. City Hall (**A** D2)
Greek Revival (1815-1850)
Style nourri du classicisme grec. Federal Hall (**A** D3)
Gothic Revival (1830-1880)
Inspiré du gothique européen fin XIIe-XVe s. Trinity Church (**A** C3)
Styles italianisant et Second Empire (1880-1900)
Mélange des styles haussmannien et Renaissance italienne. *Brownstones* (maisons de grès couleur chocolat). **Washington Square (B C4).** Utilisation de nouveaux matériaux comme le *cast iron* (fonte moulée). **Soho Historic District (B D5)**
Beaux-Arts (1890-1920)
Mélange de classicisme et de baroque. **New York Public Library (E A3)**
L'ère des gratte-ciel (XXe-XXIe s.)
À la fin du XIXe s., l'école de Chicago imagine les premiers gratte-ciel. Ils s'habilleront des styles gothique – **Woolworth Building (A C2)** –, néo-Renaissance – **Flatiron Building (B D1)** –, Art déco – **Chrysler Building (E B4)** –, international – **United Nations (E D3)** – et Late Modern – **NY Times Building (D D3)** et 1 WTC, sur le site de **Ground Zero (A C3)**.

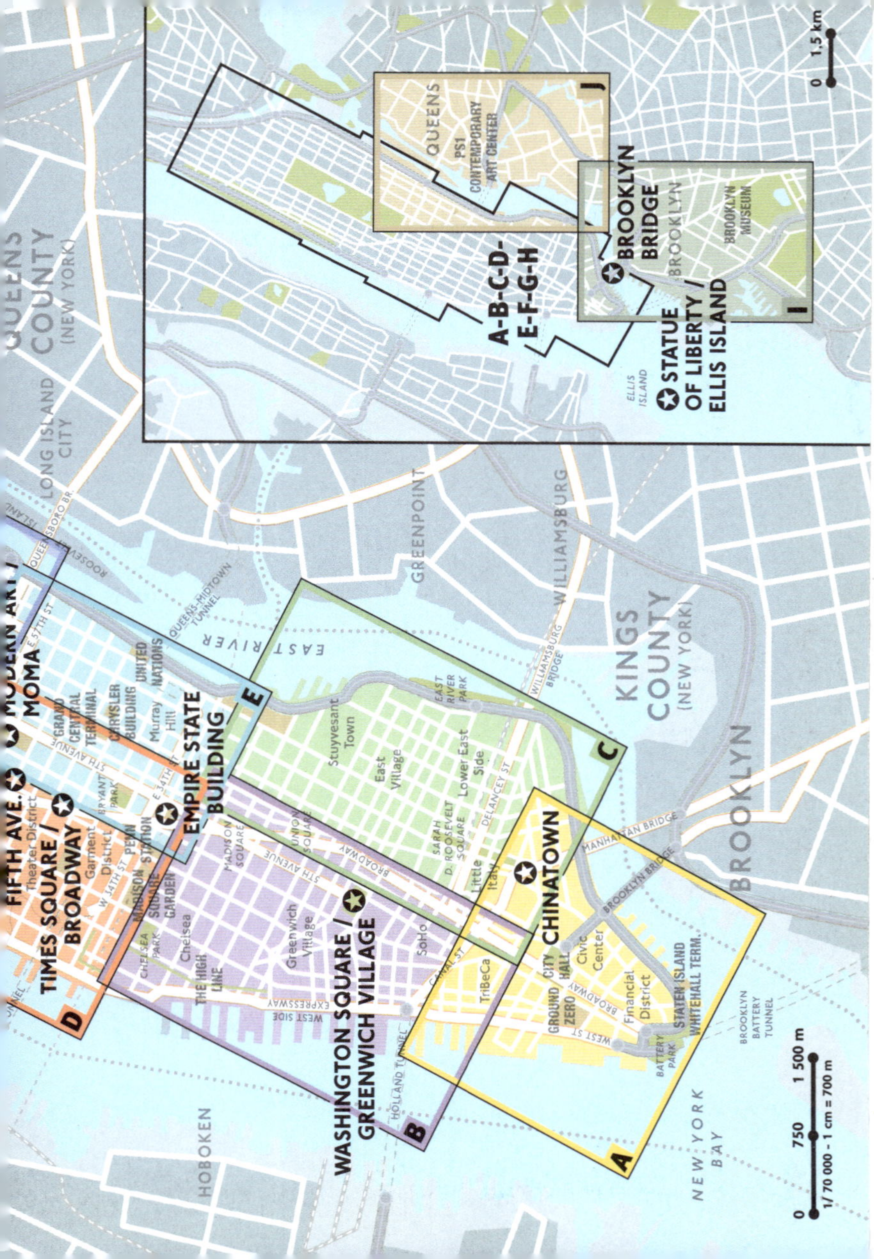

Les incontournables

10 lieux de visite à ne manquer sous aucun prétexte !

✪ Statue of Liberty / Ellis Island (A A4)
Emblème de New York et de l'Amérique, *La Liberté éclairant le monde*, offerte par la France aux États-Unis, se dresse sur 93 m de haut sur un îlot à l'entrée du port. À quelques encablures, Ellis Island servit de centre d'accueil à des millions d'immigrants, au rythme moyen de 5000 par jour. Pour eux, c'était l'entrée dans un monde nouveau et l'espoir d'un avenir meilleur.

✪ Washington Square / Greenwich Village (B C4)
Washington Square ? Le salon bohème de la ville, où artistes, étudiants, joueurs d'échecs et musiciens se relaient pour composer une ambiance bobo cool au bord de la fontaine. Tout autour, dans Greenwich Village, clubs de jazz, bars branchés et rues ombragées invitent à la flânerie, sur les traces des poètes disparus de la grande époque contestataire.

✪ Chinatown (C A6)
Entre les étals de contrefaçons bon marché et les bazars au kitsch rouge et or, c'est toute une ville chinoise qui se presse dans ces quelques rues. Marchés odorants aux légumes étranges, herboristeries, joueurs de mah-jong dans les parcs racontent l'une des communautés les plus dépaysantes de New York.

✪ Times Square / Broadway (D E3)
Avec ses immenses panneaux publicitaires, ses néons multicolores, ses étals et boutiques en tout genre, Times Square est le cœur névralgique de New York, bruyant, animé, irrésistible. Dès que la nuit tombe, le kaléidoscope de ses lumières clignotantes offre un fascinant décor. Les visiteurs du monde entier sont aimantés par la profusion des théâtres, le long de Broadway, où les grandes affiches vantent spectacles et comédies musicales, devant l'incessant ballet de taxis jaunes.

✪ Rockefeller Center (D E2) / Fifth Avenue (E A1-A6)
Premier grand ensemble urbain de New York, avec ses treize bâtiments Art déco d'origine, Rockefeller Center s'organise autour de sa célèbre *plaza* encadrée de drapeaux. Gardée par un énorme *Prométhée* doré, elle accueille, selon la saison, une patinoire ou une agréable terrasse. Le sommet (Top of the Rock) du plus haut de ses édifices dévoile une vue époustouflante sur la ville et Central Park. Non loin de là, Fifth Avenue déroule sa portion la plus spectaculaire, entre enseignes de luxe et buildings miroitants.

✪ Art moderne au MoMA (D F1) et au Guggenheim Museum (G C1)
Pas question de manquer le Museum of Modern Art, peut-être le plus beau musée d'Art moderne au monde, ronde inimaginable de chefs-d'œuvre (Monet, Matisse, Picasso, Hopper, Warhol, etc.). Une découverte qui se poursuit au Guggenheim Museum, à la prodigieuse architecture hélicoïdale de Frank Lloyd Wright.

✪ Empire State Building (E A5)
Depuis 1931, date de sa construction, c'est le meilleur endroit pour contempler la ville d'en haut. Son profil inimitable, coiffé d'une fine antenne, connut la gloire cinématographique dès 1933, quand King Kong y déposa sa blonde fragile. Cadre de multiples scènes romantiques, comme dans *Elle et lui* (1957), avec Cary Grant et Deborah Kerr, sa terrasse offre un merveilleux panorama sur la forêt des gratte-ciel.

✪ Central Park (G B2)
C'est le poumon vert de New York, un grand espace de nature sauvage au milieu des gratte-ciel, un luxe invraisemblable au train où va l'immobilier. Central Park déroule ses plans d'eau, ses collines boisées, ses chemins secrets, ses esplanades Belle Époque, ses pelouses en pente douce. On y va pour courir, ramer, patiner, lire, conter fleurette, marcher, rêver. On y est au paradis.

✪ Metropolitan Museum of Art (G C1)
Principal musée d'Amérique, le Met, comme on le dénomme, offre un merveilleux voyage à travers cinq millénaires d'art et d'histoire sur tous les continents. Les collections sont d'une telle richesse qu'une journée ne suffit pas à tout voir ! Grands maîtres européens de la peinture et de la sculpture du Moyen Âge au XIXe s., impressionnistes ou peintres américains, trésors précolombiens ou totems du Pacifique, céramique grecque ou sculptures bouddhiques, le choix est vertigineux…

✪ Brooklyn Bridge (I B1)
Lancé entre les deux berges de l'East River, ce pont, construit entre 1870 et 1883, relie la partie basse de Manhattan à Brooklyn. La silhouette si particulière de ses deux énormes pylônes en pierre grise en fait l'un des plus beaux symboles de New York. La balade sur sa voie piétonne, tôt le matin ou au crépuscule, donne tout le recul nécessaire sur les gratte-ciel du Financial District et les bateaux qui sortent du port ou y entrent.

New York pratique

Fête foraine posée sur la plage, au terminus des métros D, F, N et Q, **CONEY ISLAND** : à tout prix. (Le 4 juillet : concours du + gros mangeur de hot-dogs)

Patiner au pied du sapin de Noël géant du **ROCKEFELLER CENTER**

voir un
le
im-
ndant
ival
FILMS

tral Park,
ers la 73e)
Castle,
urnit un
ERVATION
UX
uide,
croquis)

Faire un **BARBECUE** dans l'aire de pique-nique du Brooklyn Bridge Park

Transports à New York

DES PETITS CONSEILS

(mais après vous faites comme vous voulez, attention)

Quand vous préparez votre itinéraire du jour : MOLLO SUR LES DISTANCES À PIED. Un block ≠ un immeuble.

Le VÉLO-TAXI : Super alternative, mais à 2 $ le block, c'est mieux pour les petits trajets.

Prendre 5 min. pour comprendre le truc des EXPRESS/LOCAL dans le métro.

Avant de partir, acheter sur internet un CITY PASS (les 6 grosses attractions de la ville pour 114 $)

Que ce soit avec ce guide ou un autre, gardez à l'esprit qu'à NY, les lieux ouvrent et ferment à la vitesse de la lumière. Donc vérifiez, avant de traverser la ville pour rien.

On peut vous demander votre carte d'identité dans des endroits vraiment inattendus, gardez-la avec vous.

À moins de rester 2 semaines, vous n'aurez peut-être pas le temps de voir TOUT le Met, le MoMa et le Guggenheim. Soyez sélectif. (et puis vous reviendrez !)

Et de manière générale, ne vous stressez pas trop avec les "immanquables" : À New York, le gros de la visite, c'est la rue !

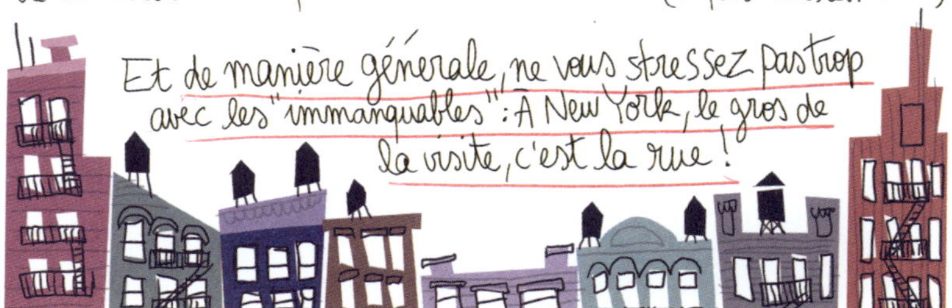

Mi-maison hantée mi-Cluedo géant dans un vieil hôtel flippant, SLEEP NO MORE est une expérience plus qu'un spectacle, à essayer au moins une fois.

À Noël, chez Macy's, les enfants peuvent visiter l'atelier du Père Noël (qui est là aussi, évidemment.)

fil
toi
me
le
RO

D'avril à octobre, tous les mercredis, il y a une RANDO EN ROLLERS qui part de Union Sq. (casque obligatoire)

Da
(au m
au Be
on v
kit
DES
(jum
matér

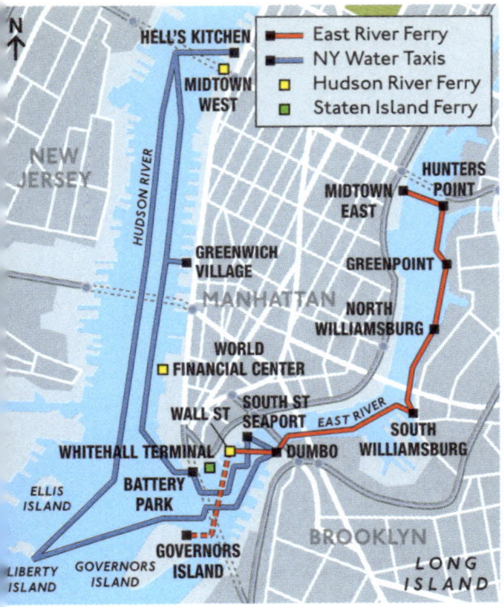

ERRIES ET WATER TAXIS

WATER TAXI

TRAINS, GARES

New York compte deux gares principales.
Grand Central Terminal (GCT) (E B4)
→ *E 42nd St / Park Ave.*
Tél. 212 340 2583
Dessert la banlieue (Metro-North), l'État de New York et le Connecticut.
Penn Station (PS) (D E4)
→ *W 32nd St / 7th Ave.*
Tél. 800 872 7245 (Amtrak)
Relie Manhattan à Long Island (Long Island Railroad) et à Boston, Washington et Chicago. Desserte des grandes villes du pays et du Canada.

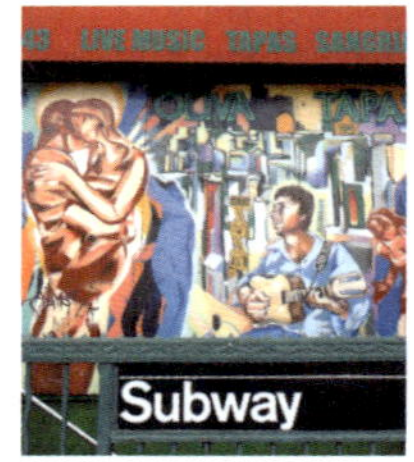

LOWER EAST SIDE / 2ND AVE.

TRAVERSÉE DE WILLIAMSBURG BRIDGE

TAXI SUR TIMES SQUARE

BUS

TRANSPORTS EN COMMUN

Informations bus et métro
→ *Tél. 718 330 1234*
www.mta.info
La plupart des lignes fonctionnent 24h/24.
Tarifs
Pour un trajet
→ *2,75$ l'unité pour le bus et le métro*
→ *6$ l'unité pour les bus express*
Metrocard
→ *Carte à recharger : à partir de 5$ (2,75$/trajet)*
→ *Trajets illimités : 30$ (7 j.), 112$ (30 j.)*
Gratuité
Enfants de - de 1,10 m.
Métro
Rapide aux heures de pointe, pratique pour les liaisons nord-sud.
Stations
Elles portent en général les noms des rues et sont signalées par des globes verts (guichets ouverts 24h/24) ou rouges (guichets fermés ou à horaires limités).
Rames
Les "Local" desservent toutes les stations, les "Express" seulement les stations principales.
Fréquence
→ *Lun.-ven. 7h30-9h, 17h-18h30 : ttes les 2-5 min ; tlj. 9h-17h : ttes les 6-12 min ; tlj. 0h-6h30 : ttes les 15-20 min*
Bus
Pratique pour les liaisons est-ouest. La lettre précédant le numéro du bus indique le *borough* de rattachement.
Fréquence
→ *Ttes les 3-20 min selon les heures et les lignes*

él. 212 554 6000
ww.hudsonhotel.com
In ancien pensionnat ansformé par Philippe tarck en hôtel design ! hambres assez petites, nais les parties communes ont magnifiques notamment la terrasse u 15e étage). 200-600$.
loft Hotel (H B3)
→ *2300 F. Douglass Blvd / /124th St Tél. 212 749 4000*
ww.alofthariem.com
u cœur de Harlem, à deux as de l'Apollo Theater, n hôtel high-tech, coloré t de grand confort, doté e 124 chambres assez pacieuses. 220-450$.
oom Mate race (D E2)
→ *125 W 45th St / 6th Ave.*
él. 212 354 2323
ww.room-matehotels.com
hambres design ès zen, tout près e Times Square ! auna, mini-piscine t bar. 250-525$.

Incentra Village House (B B3)
→ *32 8th Ave. / W 12th St*
Tél. 212 206 0007
www.incentravillage.com
B&B bon marché pour Greenwich Village, dans une *brownstone* de 1841. Kitchenette et chambres pour 4. Choisir celles qui donnent sur le patio. 280-379$.
SoHo Grand Hotel (B C5)
→ *310 West Broadway / Grand St Tél. 212 965 3000*
www.sohogrand.com
Dans un magnifique *cast iron building* (immeuble à façade de fonte) de SoHo, du haut de gamme moderne. 290-590$.
The Library Hotel (E B4)
→ *299 Madison Ave. / 41st St*
Tél. 212 983 4500
www.libraryhotel.com
Près de la Public Library et de la Morgan Library ; chaque étage correspond à un champ de la pensée : mathématiques, sciences sociales, littérature... Élégant et feutré, à l'image du bar sur le toit. Livres en libre accès. 290-695$.
The Mansfield Hotel (D F3)
→ *12 W 44th St / 5th Ave.*
Tél. 212 277 8700
www.mansfieldhotel.com
Classique rétro repensé, avec le confort moderne. Petites chambres mais grande attention aux détails : bouquets de fleurs, récitals le lundi, médiathèque, et produits ciblés... À partir de 290$.
The Jane Hotel (B A3)
→ *113 Jane St / West St*
Tél. 212 924 6700
www.thejanenyc.com
Deux catégories de prix et deux styles différents pour un seul hôtel, également connu pour le Café Gitane situé au rez-de-chaussée. Cabine de bateau compacte avec lits superposés 145-185$. Double 295-380$.

À PARTIR DE 300$

Dream New York (D D1)
→ *210 W 55th St / 7th Ave.*
Tél. 212 247 2000
www.dreamhotels.com
Idéalement placé entre Central Park et Times Square, un hôtel de 220 chambres petites et confortables, toutes identiques avec leurs têtes de lit multicolores et leurs sdb en marbre blanc. Un bar sur le toit et un autre dans le lobby ! 300-580$.
Ace Hotel (B C1)
→ *20 W 29th St / Broadway*
Tél. 212 679 2222
www.acehotel.com
Dans le "NoMad", comme "North of Madison", un quartier en pleine expansion ! Influences bohèmes-cool pour cet hôtel dont le hall a des allures de café wifi hype. Restaurant et boutiques ciblées complètent le tableau. 305-550$.

Washington Square Hotel (B C3)
→ *103 Waverly Place*
Tél. 212 777 9515 www.washingtonsquarehotel.com
Au coin nord-ouest de Washington Square, en plein quartier étudiant : 152 petites chambres bien tenues et équipées. Le restaurant de l'hôtel, le North Square, est réputé. 350-560$.
The Algonquin (D E2)
→ *59 W 44th St / 6th Ave.*
Tél. 212 840 6800
www.algonquinhotel.com
Hôtel mythique, dans un immeuble à bow-windows, matériaux chaleureux (boiseries, cuir, velours...), belles chambres, au calme, et sdb carrelées. 370-525$.
Morgans (E B5)
→ *237 Madison Ave. / E 37th St*
Tél. 212 686 0300
www.morganshotel.com
Atmosphère chic et branchée. Très beau *lobby* de marbre, 154 chambres et suites spacieuses aménagées par Andrée Putman. 375-610$.
Empire Hotel (F C5)
→ *44 W 63rd St / Broadway*
Tél. 212 265 7400
www.empirehotelnyc.com
Cet hôtel classique très *uptown*, assez glamour, domine Central Park et le Lincoln Center. Piscine sur le toit-terrasse et vues magnifiques. 400-500$.
The Inn at Irving Place (C A2)
→ *56 Irving Place / E 17th St*
Tél. 212 533 4600
www.innatirving.com
Bienvenue dans le New York d'Edith Wharton ! Aucun panneau n'indique ce B&B secret. Deux *brownstones* de 1834 et 12 chambres luxueuses, près de Gramercy Park. 515-565$.

PALACES

Pour un petit déjeuner (env. 30$), le tea time ou un apéritif, à défaut d'y séjourner. Réservation conseillée, tenue correcte exigée.
Gramercy Park (B D2)
→ *2 Lexington Ave. / E 21st St*
Tél. 212 920 3300
www.gramercyparkhotel.com
Œuvres originales de Warhol et Basquiat aux murs, déco baroque du peintre et réalisateur Julian Schnabel, bars et restaurants *trendy* résument l'essence de cette référence new-yorkaise ! 410-1 035$.
The Mercer (B D5)
→ *147 Mercer St / Prince St*
Tél. 212 966 6060
www.mercerhotel.com
Le luxe en toute sobriété, au cœur de SoHo. Intérieur dessiné par Christian Liaigre. 600-800$.
The St Regis (E A1)
→ *2 E 55th St / 5th Ave.*
Tél. 212 753 4500
www.stregisnewyork.com
Dorures, meubles anciens et service extrêmement attentif dans cet hôtel de 1904. À partir de 980$.

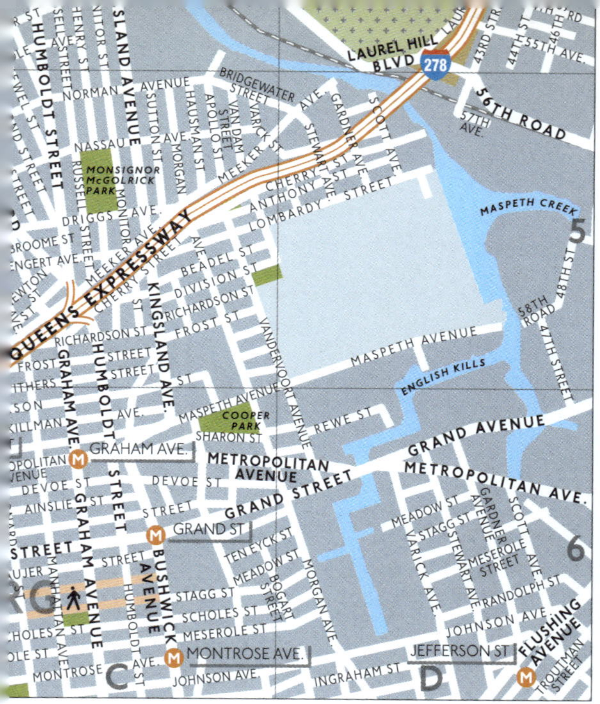

NOGUCHI MUSEUM

SOCRATES SCULPTURE PARK

ınnées 1860 un
ɪrtant carrefour urbain.
ı870, les développeurs
ıcer Root et John
construisirent ces
ɪeubles, désertés par
ɪurgeoisie avec l'arrivée
étro aérien en 1909.
ɪents styles
tecturaux : italianisant,
ɪn Anne, victorien, etc.
ɪntry Plaza State
: (J B3)
ɔ9 47th Rd
8 786 6385 Tlj. 8h-22h
ses portiques imprimés
ɪgo de Long Island
ce parc avec vue sur le
de l'ONU et la *skyline*
ɪidtown a le charme
striel des anciens docks

(XIXe s.). De l'ex-usine d'embouteillage de Pepsi, au nord, subsiste l'immense enseigne en néons (37 m de longueur et 18 m de hauteur), désormais symbole du quartier !

★ Fisher Landau Center for Art (J D2)
→ 38-27 30th St / 38th Ave. Tél. 718 937 0727 Jeu.-lun. 12h-17h
Une ancienne usine de harnais de parachutes, réhabilitée en 1991 par l'architecte britannique Max Gordon pour accueillir la fondation d'Emily Fisher Landau : 1 500 œuvres postérieures à 1960 (Jasper Johns, Andy Warhol, Ed Ruscha, Matthew Barney...).

★ Museum of the Moving Image (J D2)
→ 36-01 35th Ave. / 37th St Tél. 718 777 6888 Mer.-ven. 10h30-17h (20h ven.), w.-e. 11h30-19h
Consacré aux arts audiovisuels, ce musée, installé à proximité des studios Kaufman Astoria, introduit le visiteur dans les coulisses du cinéma et de la télévision à travers des installations interactives. Doublage, incrustations sur fond vert, bruitages... et aussi des "collectors", comme la marionnette de maître Yoda dans *Star Wars* !

★ Noguchi Museum (J C1)
→ 9-01 33rd Rd / 10th St Tél. 718 204 7088 Mer.-ven. 10h-17h, w.-e. 11h-18h
Un musée très zen et son émouvant jardin minéral, dédiés au sculpteur américano-japonais Isamu Noguchi (1904-1988), élève de Brancusi. Éditions design de l'artiste vendues à la boutique, telles les célèbres lampes en papier de riz.

★ Socrates Sculpture Park (J C1)
→ 32-01 Vernon Blvd / Broadway Tél. 718 956 1819 Tlj. 8h30-coucher du soleil
Un musée de sculpture en plein air, face à Roosevelt Island ! Projections de films et autres événements culturels.

Vivre à l'heure de New York !

10 bonnes idées pour découvrir la ville comme un New-Yorkais !

Photographier Manhattan
Se prendre pour André Kertész et balader son objectif dans les rues de New York, c'est ouvrir l'œil, guetter l'anecdote, le détail architectural, le graphisme d'une tour... Pour les vues d'ensemble, il faut emprunter le Williamsburg Bridge (**J** A6) ou le Brooklyn Bridge (**I** B1) et faire une pause dans Brooklyn Bridge Park (**I** B2).

Grignoter gourmand à Chelsea Market (B B2)
Manger sur le pouce dans une ancienne biscuiterie superbement restaurée, c'est possible dans ce marché original, où les cupcakes de toutes les couleurs le disputent aux sandwichs au homard ! Et si l'on peut y manger américain, rien n'empêche d'essayer un délicieux curry thaï, des petits légumes grillés à l'italienne ou des noix et chocolats divers.
→ Éviter la cohue du week-end ou y aller tôt

S'habiller discount
Fashion victims et accros aux marques, voici Century 21 (**A** C3), l'endroit où exercer sa passion de la chine ! Fouiller au milieu des rayons, essayer 20 000 paires de chaussures et, au bout du compte, repartir vêtu de pied en cap en Ralph Lauren, Marc Jacobs ou Calvin Klein, à des prix sabrés de 40 à 70 % !
→ Arriver dès 8h pour s'épargner la foule

Découvrir un haut lieu du Street Art
Le Street Art new-yorkais ne s'est pas contenté d'enfanter Jean-Michel Basquiat, il ne cesse de fleurir et de se renouveler, sur les palissades, les murs abandonnés ou prêtés, dans les ruelles et recoins des quartiers populaires. Pour le découvrir, il faut se perdre dans East Village (**C**), Harlem (**H**) ou Williamsburg (**J**), à l'affût des fresques, graffitis, pochoirs et collages.
→ Ne pas manquer les rues moins fréquentées

Manger asiatique
Les communautés asiatiques de New York comptent parmi les plus gourmandes. Au cœur de Chinatown, l'air embaume le canard laqué, et les échoppes ou restaurants sont infiniment variés : chinois, malais, indiens, cambodgiens, etc.
→ Momofuku Noodle Bar (**C** B3), *Hangawi* (**E** A6)

Se balader le long de l'Hudson River
La tradition à New York veut que l'on se dépense en plein air, histoire d'oublier les rumeurs de la ville. En suivant les berges de l'Hudson, au nord de Battery Park (**A** C4), la balade sent presque l'air marin, au son du clapotis qui frappe les pontons. Jardins inattendus, bancs accueillants, ports de plaisance au pied des gratte-ciel, il ne reste plus qu'à regarder le soleil se coucher sur le New Jersey, juste en face !

Savourer un burger dans un bar vintage
Ceux qui pensent que tous les burgers se ressemblent ont tort ! Leur goût, leur cuisson, leur texture font l'objet des plus savantes analyses et donnent lieu à de multiples classements. Manger un burger est une chose sérieuse ! Parmi les lauréats, celui du Corner Bistro (**B** B3) présente le double avantage d'être très bon marché et de se déguster dans le cadre patiné et intact de l'un des pubs historiques du Meatpacking District, le très branché quartier des anciens abattoirs.

Siroter un cocktail romantique
Les cocktails sont à New York ce que le chic est à Paris, une carte de visite glamour au soupçon de romantisme, une affaire qui tourne... Un apéritif de cinéma se sirote en amoureux, dans un club branché avec vue, au Stone Rose Lounge (**F** C6), sur un canapé élégant, au Campbell Apartment (**E** B4), ou dans un bar d'hôtel, très snob, tel le King Cole Bar (**E** A2).

Voir une comédie musicale à Broadway (D D1)
Les comédies musicales ont fait le renom de la scène new-yorkaise, de *West Side Story* au *Phantom of the Opera* : elles content leur histoire en musique. Les salles les plus réputées s'alignent le long de Broadway et autour de Times Square, où les affiches bariolées sont un spectacle à part entière !
→ Billets à tarif réduit au kiosque TKTS Broadway (**D** E2)

Opter pour une soirée jazz
Né à La Nouvelle-Orléans, le jazz s'épanouit à New York dans les années 1930, au sein de la communauté noire. Une tradition qui se perpétue. Si Harlem, son célèbre Apollo Theater (**H** B3) et ses clubs, tel le Smoke Jazz and Supper Club (**H** A4), tiennent toujours le haut de l'affiche, Midtown et le Village comptent des scènes tout aussi réputées : The Iridium (**D** D2), ou encore The Village Vanguard (**B** C3).
→ Consulter le programme et réserver !

Transports et hôtels à New York

TAXI

AÉROPORTS

→ *www.panynj.com*
John F. Kennedy Airport (JFK)
→ *Tél. 718 244 4444*
Newark Airport (EWR)
→ *Tél. 973 961 6000*
LaGuardia Airport (LGA)
→ *Tél. 718 533 3400*

ACCÈS AÉROPORTS

Sauf mention contraire, les prix indiqués dans ce guide sont ceux d'une chambre double avec salle de bains (sdb), taxe hôtelière comprise (14,75 % du prix de la chambre + 3,50$). Réservation conseillée. Attention, les tarifs sont très variables selon les saisons et les promotions : consulter les sites Internet !

LOCATION D'APPARTEMENTS

Penser également au site *www.airbnb.fr*.
New York Habitat
→ *Tél. 212 255 8018 / En France : 01 42 36 78 70*
www.nyhabitat.com
Louer un appartement : une solution plus économique que l'hôtel, et une très bonne façon de s'immerger dans la ville ! Du studio au loft. À partir de 150$.
Friendly Rentals
→ *Tél. 877 265 5574 / En France : 09 75 18 02 87*
www.friendlyrentals.com
Large palette à Manhattan et Brooklyn. À partir de 150$.

À PARTIR DE 100$

Carlton Arms Hotel (C A1)
→ *160 E 25th St / 3rd Ave.*
Tél. 212 679 0680
www.carltonarms.com
Le décor bariolé et imaginatif, et les fresques d'artistes locaux font de ce lieu une sorte de musée du *cheap art* et une adresse très appréciée des jeunes. 120$ (sans sdb)-150$ (avec sdb).
Chelsea International Hostel (B B2)
→ *251 W 20th St / 8th Ave.*
Tél. 212 647 0010
www.chelseahostel.com
En plein cœur de Chelsea, des chambres distribuées autour d'une cour, dans de petits appartements de style bungalow. Ambiance jeune et internationale. Dortoir de 2 lits 70-140$/pers., double 130-195$.
Hotel 17 (C A2)
→ *225 E 17th St / 2nd Ave.*
Tél. 212 475 2845
www.hotel17ny.com
Son ascenseur rétro et son décor début XXe s. séduisent photographes et cinéastes (Woody Allen l'a filmé dans *Meurtre mystérieux à Manhattan* !). 120 petites chambres coquettes. 130-195$ (sans sdb).
Opera House Hotel (hors plan **H** D1)
→ *436 E 149th St / Brook Ave., Bronx M° 3 Av - 149 St (lignes 2 et 5) Tél. 718 407 2800*
www.operahousehotel.com
Une salle de spectacle centenaire devenue boutique-hôtel cossu ! Excellent rapport qualité-prix, car l'établissement est situé dans le sud du Bronx (à deux stations de métro de Manhattan). 139-239$.
Larchmont Hotel (B C3)
→ *27 W 11th St / 5th Ave.*
Tél. 212 989 9333
www.larchmonthotel.com
Un immeuble en brique rouge doté de 67 chambres agréables, plutôt étroites ; mobilier en rotin, bibliothèques et toiles champêtres aux murs. Sdb communes, petit déj. inclus. Bon rapport qualité/prix. 140-175$.
Chelsea Lodge (B B2)
→ *318 W 20th St / 8th Ave.*
Tél. 212 243 4499
www.chelsealodge.com
Dans cette jolie maison à Chelsea, 22 chambres simples (parquet, couleurs claires) et assez petites. 145-215$.
The Pod (E C2)
→ *230 E 51st St / 2nd Ave.*
Tél. 212 355 0300
www.thepodhotel.com
Concept design, entre l'auberge de jeunesse haut de gamme et la cabine de bateau ! Deux lits superposés 140-220$, double 160-360$.

DES AÉROPORTS VERS MANHATTAN

En bus express
→ *NYC Airporter : 16$ (JFK), 13$ (LGA) Ttes les 30 min*
→ *Newark Airport : 16$*
En navette (shuttle)
GO Airlink
→ *Tél. 877 599 8200*
www.goairlinkshuttle.com
16-114$ selon le véhicule et le nombre de passagers
En métro
→ *De JFK, AirTrain (5$) jusqu'à Howard Beach, puis ligne A (2,75$) ; ou jusqu'à Jamaica Center, puis ligne E (2,75$)*
En taxi
→ *55-60$ (JFK, 1 h), 55-70$ (EWR, 1 h), 30-37$ (LGA, 1/2 h)*

GRAND CENTRAL TERMINAL

West Side YMCA (F C5)
→ *5 W 63rd St / Central Park West Tél. 212 912 2600*
www.ymcanyc.org/westside
Le porche aux lions et la belle entrée voûtée lui confèrent un look d'université huppée. Chambres étroites mais agréables. Fitness club, piscine et cafétéria. 170-190$.
The Mayfair (D D2)
→ *242 W 49th St / 8th Ave.*
Tél. 212 586 0300
www.mayfairnewyork.com
Prix très raisonnables pour une situation en plein Broadway qui donne le ton : piano dans le hall, posters vintage... Chambrettes calmes, aménagées de façon classique. 170-195$.
The Hotel at Times Square (D E2)
→ *59 W 46th St / 6th Ave.*
Tél. 212 719 2300
www.applecorehotels.com
Un hôtel de chaîne impeccable, très bien situé entre Rockefeller Center et Grand Central Terminal, à deux pas des théâtres. 170-350$.
Washington Jefferson Hotel (D D2)
→ *318 W 51st St / 9th Ave.*
Tél. 212 246 7550
www.wjhotel.com
Non loin de Broadway, l'élégante simplicité d'un hôtel aux chambres décorées en noir et blanc. 170-395$.
Comfort Inn LES (C B5)
→ *136 Ludlow St / Rivington St*
Tél. 212 260 4141
www.comfortinn.com
Au cœur du quartier branché de Lower East Side, un petit hôtel de chaîne. Impersonnel mais clair et bien équipé. 180-395$.
102 Brownstone (H C3)
→ *102 W 118th St / Lenox Ave.*
Tél. 212 222 1212
www.102brownstone.com
Six chambres cosy décorées à l'européenne et logées dans une *brownstone*, ces maisons basses en grès chocolat alignées les unes à côté des autres, à Harlem. Certaines chambres ont des cuisines. 190-250$.
The Evelyn (B D1)
→ *7 E 27th St / 5th Ave.*
Tél. 212 545 8000
www.theevelyn.com
Avec sa façade à la Gaudí, un hôtel sympathique proche de Madison Square Park. Chambres rénovées avec goût, dans l'esprit *arty* et musical du quartier et de l'établissement, ouvert en 1905. 190-320$.

À PARTIR DE 200$

Stay the Night Bed and Breakfast (H C6)
→ *18 E 93rd St / Madison Ave.*
Tél. 212 722 8300
www.staythenight.com
À quelques pas de Central Park et de Museum Mile, 7 chambres charmantes et un jardin. 200-400$.
Hudson (D D1)
→ *356 W 58th St / 9th Ave.*

BATEAU

Water Taxi
→ *Tlj. www.nywatertaxi.com Pass hop-on/ hop-off (30$)*
Croisières autour de Manhattan et billets à la journée.
East River Ferry
→ *Tél. 800 533 3779*
www.nywaterway.com
4$ (6$ le w.-e.), billet à la journée 12$ (18$ le w.-e.)
Navette entre Manhattan, Brooklyn et le Queens.
Staten Island Ferry (A C4)
→ *Whitehall Terminal, Battery Park*
www.siferry.com
Traversée gratuite.

TAXI

Taxis jaunes
Plusieurs compagnies.
Prise en charge
→ *2,50$ puis 50¢ tous les 0,2 miles (majoration de 50¢ de 20h à 6h)*
Pourboire
→ *15 % du prix de la course*

CITI BIKE

→ *www.citibikenyc.com*
Système de location de vélos en libre-service. Bornes disséminées dans le sud de Manhattan (au sud de 59th St) et à Brooklyn (Brooklyn Heights et Williamsburg). Stations indiquées sur les cartes de ce guide par un "v". Importante extension en cours, prévue pour 2017.
Tarifs
→ *Pass 24h : 9,95$ + taxes*
→ *Pass 7 j. : 25$ + taxes*
→ *Gratuit 30 min, 4$ pour 1h, 13$ pour 1h30, puis 12$ par tranche de 30 min*

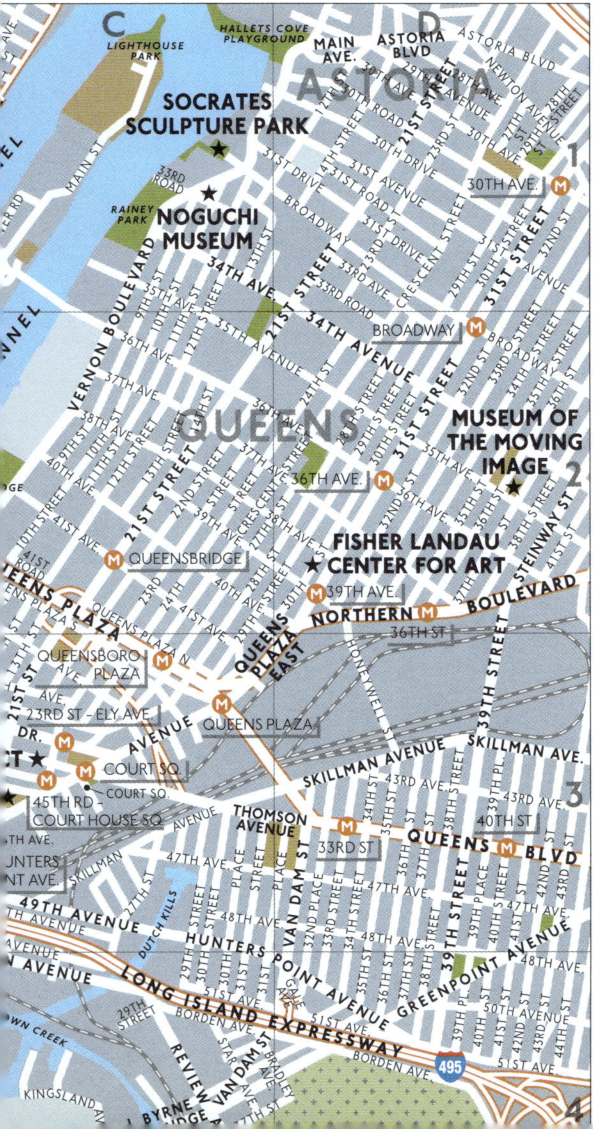

HUNTERS POINT HISTORIC DISTRICT

FISHER LANDAU CENTER FOR ART

RESTAURANTS

Egg (J B6)
→ *109 N 3rd St / Berry St*
Tél. 718 302 5151
Tlj. 7h (8h w.-e.)-17h
Petite salle dépouillée et carte toute simple, pour des sandwichs américains étonnants, à la viande de porc fumé, au poulet frit ou... aux beignets d'huîtres. Produits bio, salades appétissantes et petits déjeuners bien riches ! Sandwich 9-14$.

Roebling Tea Room (J B6)
→ *143 Roebling St / Metropolitan Ave.*
Tél. 718 963 0760
Tlj. 10h-16h30, 18h-23h
Mélange de déco délicieusement vieillotte (papier peint à fleurs, carreaux vert d'eau) et de volumes très "loft" (larges fenêtres, tuyaux), pour une cuisine métissée, à l'instar du *mac 'n' cheese* à la sauce piquante... Plat 12-24$.

Miss Favela (J A6)
→ *57 S 5th St / Wythe Ave.*
Tél. 718 230 4040
Tlj. 12h-0h (1h ven.-sam.)
Une véritable enclave brésilienne en plein Williamsburg ! Mobilier de récup' aux couleurs vives, cocktails à base de *cachaça* et spécialités de là-bas, comme la *feijoada* (ragoût de haricots, bœuf et porc) et la *moqueca* (ragoût de poisson). Le soir, on pousse les tables pour danser la samba ! Menu midi (en sem.) 10,50$; plat 16-29$.

Maison Premiere (J B6)
→ *298 Bedford Ave. / S 1st St*
Tél. 347 335 0446
Lun.-ven. 16h-1h (2h ven.), w.-e. 11h-2h (1h dim.)
Autour d'un comptoir rond comme un plateau, sur les petites tables romantiques ou dans la cour arborée, on se régale d'huîtres et de fruits de mer débarqués de la côte est. Plat 17-29$.

CAFÉS, BARS, CLUBS

Blue Bottle Coffee (J B5)
→ *160 Berry St / N 5th St Lun.-sam. 7h-19h (20h ven.-sam.)*
L'antenne *brooklynite* d'un torréfacteur californien reconnu pour ses cafés de qualité ! À boire à l'une des tables hautes, ou à emporter à la new-yorkaise.

Sage (J C3)
→ *24-20 Jackson Ave. / Court Square Tél. 718 361 0707*
Lun.-ven. 7h30-21h, w.-e. 10h-21h (16h dim.)
Une adresse très *green* où manger à toute heure : salades, soupes et cupcakes sont préparés sur place, à base de produits bio et artisanaux.

The Ides Bar (J B5)
→ *80 Wythe Ave. / N 11th St*
Tél. 718 460 8006
Tlj. 16h (14h w.-e.)-2h
On jouit aussi de *rooftops* en dehors de Manhattan ! Au 6e étage du très *trendy* Wythe Hotel, ce bar perché, prolongé d'une terrasse, offre une vue magique sur Manhattan ! S'y rendre en semaine, pour en profiter plus tranquillement.

Knitting Factory (J B6)
→ *361 Metropolitan Ave. / Havemeyer St Tél. 347 529 6696*
Tlj. 17h (12h w.-e.)-3h30
bk.knittingfactory.com
À l'avant-garde de la scène musicale new-yorkaise, un bar post-rock branché et une salle de concert à la programmation audacieuse et visionnaire. Les tarifs restent très démocratiques !

SHOPPING

Williamsburg Flea Market (J B5)
→ *50 Kent Ave. / N 11th St*
Avr.-oct. : dim. 10h-17h
L'un des plus réjouissants marchés aux puces de Brooklyn. Sur les berges de l'East River, fripes, bibelots, stands gourmands et joyeux bric-à-brac. Pour de vraies trouvailles ! L'hiver (*nov.-mars : w.-e. 10h-19h*), le marché se réfugie sous un toit, à Crown Heights, 1000 Dean St (hors plan I D4).

Beacon's Closet (J B5)
→ *74 Guernsey St*
Tél. 718 486 0816 Tlj. 11h-20h
Les fashionistas raffolent de cette friperie installée dans un immense entrepôt. Rangés par couleurs, vêtements vintage des années 1970 et 1980, et pièces de créateurs bradées quelques dizaines de dollars.

Catbird (J B6)
→ *219 Bedford Ave. / N 5th St*
Tél. 718 599 3457
Tlj. 12h-20h (18h dim.)
Bijoux, accessoires ou bibelots romantiques et raffinés par des designers locaux.

Spoonbill & Sugartown (J B6)
→ *218 Bedford Ave. / N 5th St*
Tél. 718 387 7322 Tlj. 10h-22h
Une librairie spécialisée dans les livres et magazines d'art, d'architecture et de design. Titres rares et belle atmosphère musicale.

Earwax Records (J B5)
→ *167 N 9th St / Bedford Ave.*
Tél. 718 486 3771 Tlj. 11h-21h
CD et vinyles neufs ou d'occasion, surtout du rock indé. Bons conseils !

J
Williamsburg / Queens

Fuyant la flambée immobilière, la bohème a migré au nord de Brooklyn, à Williamsburg, foyer de la communauté juive orthodoxe. Ici vibre Bedford Avenue, avec ses bars et ses boutiques vintage. Plus au nord, le Queens n'est qu'à 15 min de Grand Central Terminal. Un passage obligé pour infiltrer le New York underground : Long Island City (LIC) collectionne musées d'avant-garde et ateliers d'artistes. À quelques stations de là : Astoria, territoire multiculturel où les communautés grecque et brésilienne ont élu domicile.

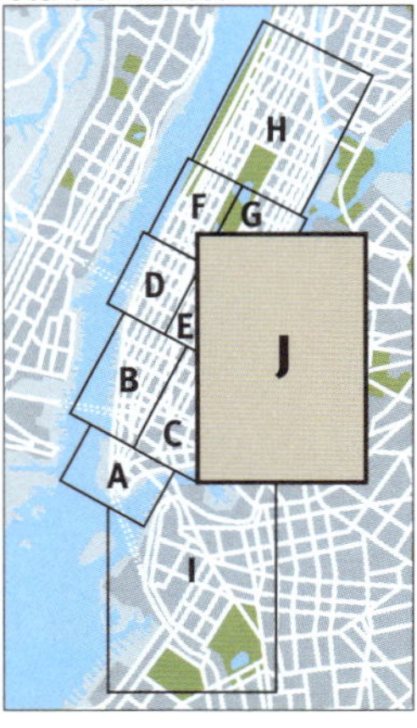

WILLIAMSBURG BRIDGE

EAST RIVER STATE PARK

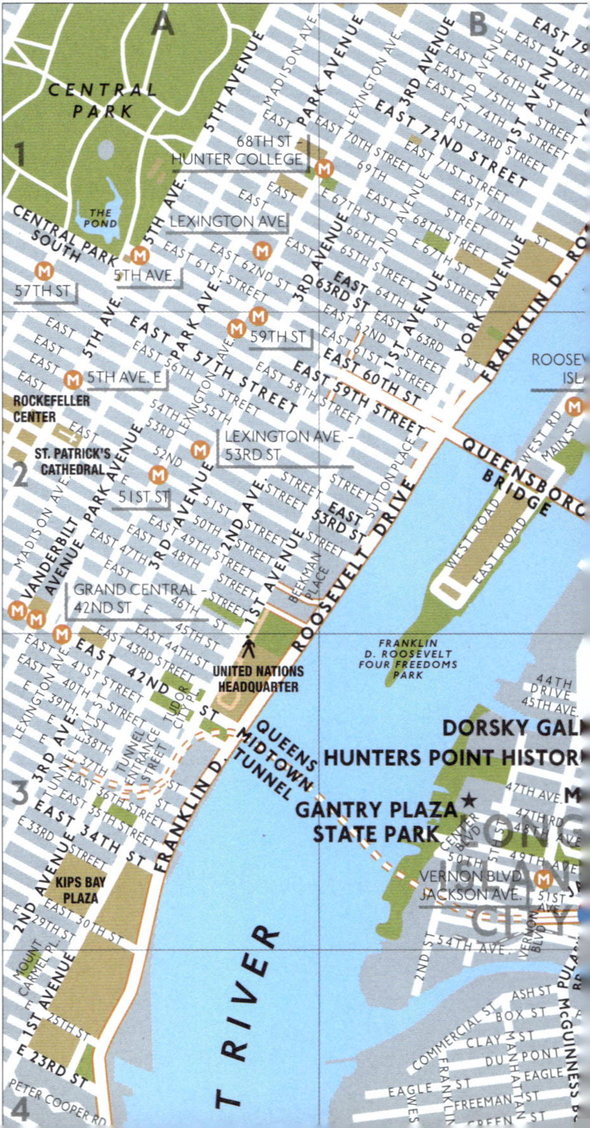

MOMA PS1

DORSKY GALLERY

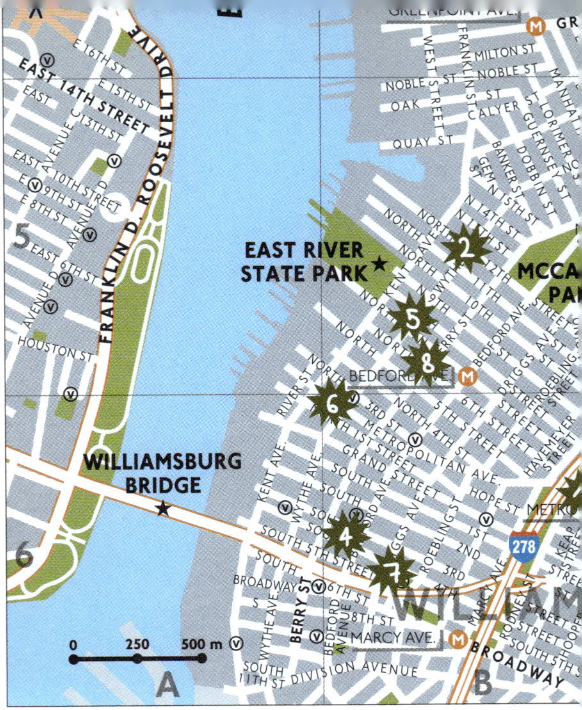

★ **Williamsburg Bridge** (**J** A6)
Du temps de sa construction (1896-1903), le pont de Williamsburg, avec sa structure en acier, détenait le record du pont suspendu le plus long du monde (2 227 m) ! Le saxophoniste de jazz Sonny Rollins passait des heures entières à répéter sur le "Willy B" lorsqu'il vivait dans le Lower East Side, dans les années 1950-1960.

★ **East River State Park** (**J** B5)
→ *90 Kent Ave. / N 9th St*
Tlj. 9h-coucher du soleil
Ouvert en 2007, ce parc borde l'East River. Il est implanté sur le site d'un ancien dock (XIXe s.), où affleurent quelques vestiges : vieux pavements, rails de chemin de fer, bateaux-grues... Vue dégagée sur le Williamsburg Bridge et les gratte-ciel de Midtown Manhattan.

★ **McCarren Park** (**J** B5)
Un grand parc public, dont les pelouses sont prises d'assaut le week-end. L'immense piscine (conçue dans les années 1930 pour 7 000 nageurs !) se transforme l'hiver en patinoire. Au nord, place, l'été, au SummerScreen, populaires soirées de concerts suivis de films en plein air.

★ **MoMA PS1** (**J** C3)
→ *22-25 Jackson Ave. / 46th Ave.*
Tél. 718 784 2084
Jeu.-lun. 12h-18h
Établi en 1976 dans une ancienne école publique, ce centre artistique d'avant-garde a été rattaché au MoMA en 2000 pour devenir l'aile contemporaine du grand musée. Œuvres, entre autres, de James Turrell et de Richard Serra, et plus de 50 expositions par an. Les samedis d'été, le centre se transforme en gigantesque plateforme musicale lors des *Warm-up Parties* (*12h-21h*). Au rez-de-chaussée, la sympathique cafétéria M. Wells Dinette !

★ **Dorsky Gallery (J**
→ *11-03 45th Ave. / 11th S*
Tél. 718 937 6317 Jeu.-lun.
Cette galerie d'art répu ouverte en 2000 à Lon Island City, met à la disposition de commis indépendants son esp d'exposition. Résultat sélection éclectique, c photos de Dora Maar a œuvres de Robert Cum

★ **Hunters Point Hi District** (**J** C3)
→ *45th Ave. / 21st St / 23*
Cet îlot de *brownstones* témoigne de la prospé du Queens au XIXe s. La proximité du termin la Long Island City Rail et du chenal en firent

PROSPECT PARK

BROOKLYN BOTANIC GARDEN

›yens de transport
ssé ! Sur un quai sont
ntés tous les modèles
gons depuis 1904,
éclames d'époque !
›oklyn Academy
›sic (BAM) (I C3)
.afayette Ave.
636 4100 www.bam.org
ıstique exceptionnelle
ge du Brooklyn
ırmonic en fait l'une
ılles de concert les
restigieuses de New
Danse, opéra ou jazz :
ıple du spectacle
dans un bâtiment
'e Beaux-Arts (1908).
›oklyn Museum

Eastern Parkway
Tél. 718 638 5000
Mer.-dim. 11h-18h (22h jeu.)
Parmi les plus grands musées du pays ! Douze départements, dont les riches collections égyptienne, asiatique, impressionniste et américaine. Rétrospectives majeures d'artistes contemporains comme Basquiat, Murakami, ou encore Gilbert & George. Impressionnant bâtiment Beaux-Arts modernisé en 2004 par une structure en verre et métal.

★ **Prospect Park (I** D5)
→ Grand Army Plaza Tlj. 5h-1h
Réalisé en 1867 par les architectes de Central Park, Frederick Law Olmsted et Calvert Vaux, ce parc de 2,4 km² entoure l'unique forêt naturelle de Brooklyn. Au nord-ouest, une grande prairie où sont organisés des concerts en été ; à l'est, un ravin boisé et un zoo ; au sud, un lac de 24 ha, où l'on canote aux beaux jours. Plus rustique que son rival de Manhattan, c'est le rendez-vous dominical des "Brooklynites".

Brooklyn Botanic Garden (I D5)
→ 900 Washington Ave.
Tél. 718 623 7200
Mars-oct. : mar.-dim. 8h (10h w.-e.)-18h ; nov.-fév. : mar.-dim. 8h (10h w.-e.)-16h30
Au nord-est de Prospect Park, le jardin botanique, planté en 1910, réunit plus de 10 000 espèces de plantes : le Cranford Rose Garden et sa roseraie luxuriante en été, le Fragrance Garden (conçu à l'origine pour les aveugles) et ses plantes odorantes, le Shakespeare Garden où poussent les fleurs et les herbes mentionnées dans l'œuvre du dramaturge anglais… sans oublier le Japanese Garden et ses merveilleux cerisiers du Japon, dont on célèbre la floraison en avril lors du Cherry Blossom Festival.

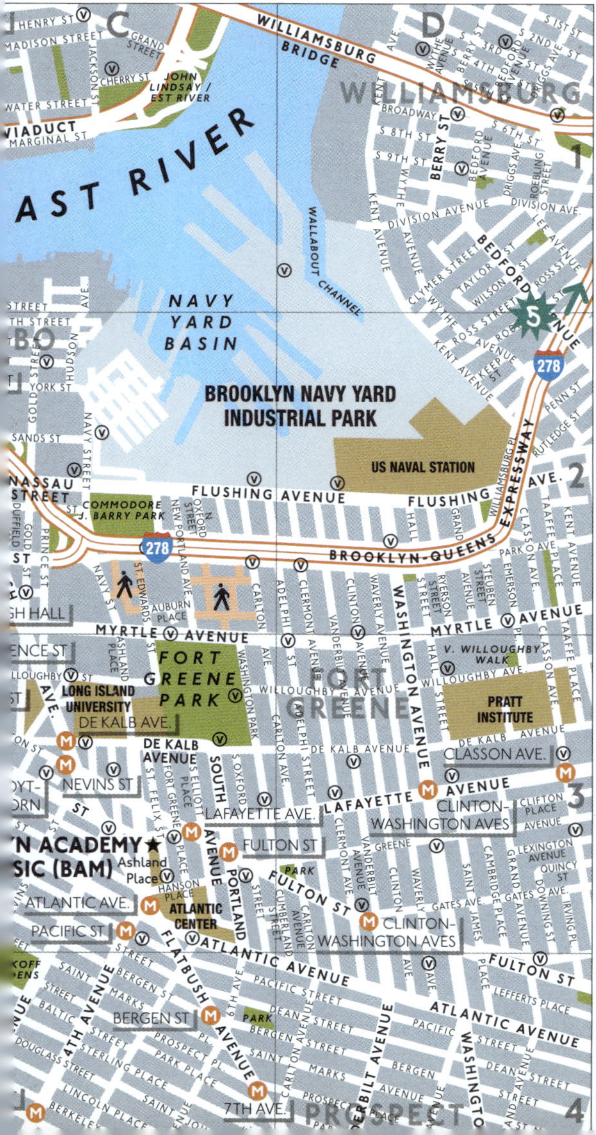

NEW YORK TRANSIT MUSEUM

BROOKLYN ACADEMY OF MUSIC

▶ Plan J

va du rock balkanique au jazz underground.
Bargemusic (I B2)
→ *1 Water St / Fulton Ferry Landing Tél. 800 838 3006 www.bargemusic.org*
Plus de 200 concerts par an sur cette péniche amarrée au pied du Brooklyn Bridge ! Au programme : jazz et musique de chambre.

SHOPPING

Bird (I C4)
→ *316 5th Ave. / 2nd St Tél. 718 768 4940 Lun.-sam. 11h-19h, dim. 12h-18h*
Les fashionistas de Park Slope s'arrachent ici les dernières collections des créateurs en vogue, tels Alexander Wang, Phillip Lim ou Rachel Comey.
L.A.N.D. (I B2)
→ *67 Front St Tél. 917 670 9322 Lun.-sam. 8h30-14h*
Un espace associatif où travaillent ensemble des artistes souffrant de handicaps, tel l'autisme. Les œuvres sont présentées à la vente et l'échange avec leurs auteurs est encouragé.
111 Front Street (I B2)
→ *111 Front St Tél. 718 694 0831 Mer.-dim. 12h-18h (17h dim.) www.dumboartscenter.org*
Ce complexe de DUMBO concentre à lui seul 14 galeries d'art contemporain !
Front General Store (I B2)
→ *143 Front St Tél. 347 693 5328 Tlj. 11h30-19h30 (18h30 dim.)*
Une friperie chic mêlant pièces neuves et vintage avec brio. Pour dénicher vestes *preppy* à écusson et blousons en jean à col en mouton…

1 Découvrir l'assiette polonaise

chez TERESA'S (80, Montague St.)

2 Des super cadeaux à rapporter aux enfants :
HALF PINT, 41 Washington St.

3 Coup de cœur absolu : Le plus joli café du monde installé dans une pharmacie des années 20. Leur spécialité, le Egg Cream, ne contient ni œuf ni crème.

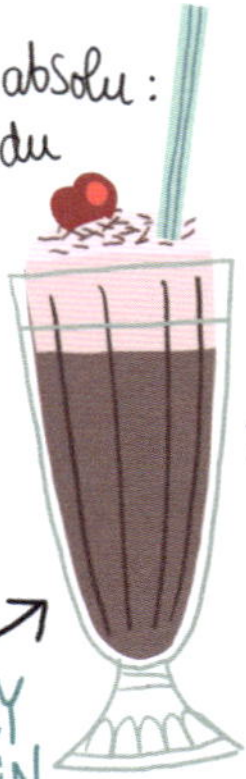

BROOKLYN FARMACY & SODA FOUNTAIN (513 Henry St.)

4 Pèlerinage jusqu'au parc-hommage à MCA des Beastie Boys

(27, State St.)

5 Boire des coups au super cool ENID'S

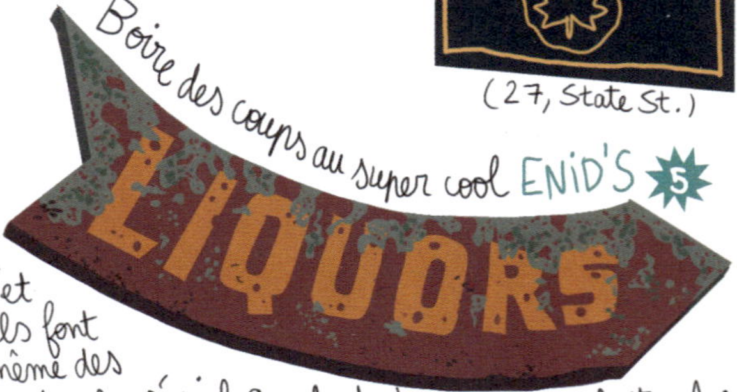

(et ils font même des Sandwichs spécial gueule de bois) 560 Manhattan Ave.

i

Brooklyn Heights / DUMBO / BoCoCa / Park Slope

Sur la rive opposée de l'East River, Brooklyn dévoile un autre visage de New York. Au pied du Brooklyn Bridge, Brooklyn Heights, avec ses rues aux noms de fruits ponctuées de *brownstones*, dégage un charme provincial. Au nord, DUMBO (Down Under the Manhattan Bridge Overpass) voit se multiplier galeries et communautés d'artistes dans d'anciennes usines. Plus à l'est, on s'attable aux cafés de BoCoCa (Boerum Hill, Cobble Hill et Carroll Gardens) et de Park Slope, avant d'aller faire un tour à Prospect Park.

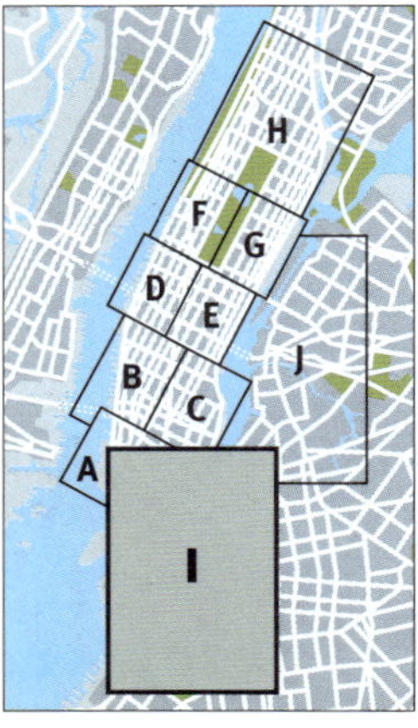

RESTAURANTS

Mile End Deli (I B3)
→ *97 Hoyt St / Atlantic Ave. Tél. 718 852 7510 Lun.-ven. 8h-23h (16h lun.-mar.) ; sam. 10h-23h ; dim. 10h-16h, 18h-22h*
Mile End, comme le quartier à la mode de Montréal où pourrait se loger cet adorable *deli*. Comme au Québec, on y mord dans un *smoked meat* (sandwich à la viande fumée) ou on y avale une poutine (frites au fromage fondu et à la sauce champignon) ! Plat 8-20$.

Franny's (I D4)
→ *348 Flatbush Ave. / Sterling Place Tél. 718 230 0221 Lun.-ven. 12h-14h30, 17h30-23h (23h30 ven.) ; w.-e. 12h-23h30 (22h dim.)*
Cuisine italienne fraîche et d'excellente qualité. Pâtes artisanales et pizzas parfaites dans une chaleureuse salle aux murs en brique. Plat 15-19$.

Buttermilk Channel (I B4)
→ *524 Court St / Huntington St Tél. 718 852 8490 Lun.-ven. 17h-22h (23h jeu. ; 0h ven.) ; w.-e. 10h-15h, 17h-0h (22h dim.)*
Un favori de BoCoCa, pour ses délicieux brunchs et sa cuisine américaine réinventée : fromage grillé A-B-C (A pour *apple*, B pour *bacon* et C pour *cheddar*), tarte au potiron, poulet fondant et ses gaufres... Plat 18-26$.

SALON DE THÉ, GLACIER

One Girl Cookies (I B3)
→ *68 Dean St / Smith St Tél. 212 675 4996 Tlj. 8h (9h sam. ; 10h dim.)-19h*
Entre le cupcake et le cookie, la *whoopie pie* est la dernière folie new-yorkaise ! Une crème onctueuse dans un sandwich de biscuit moelleux...

Brooklyn Ice Cream Factory (I B2)
→ *1 Water St / Fulton Ferry Landing Tél. 718 246 3963 Tlj. 12h-22h*
Au bord du chenal, dans une caserne années 1920 : glaces artisanales aux parfums naturels (vanille, pêche, fraise...), nappées de chocolat 72 %.

BARS, CONCERTS, SPECTACLES

Clover Club (I B3)
→ *210 Smith St / Baltic St Tél. 718 855 7939 Lun.-jeu. 16h-2h, ven. 12h-4h, w.-e. 10h30-4h (1h dim.)*
Une atmosphère de *speakeasy* (bar clandestin pendant la prohibition) et des cocktails excellents. Barman en veston, lustres à pampilles, tapis damassés, cheminée qui crépite, mais le tout reste bon enfant !

No. 7 (I C3)
→ *7 Greene Ave. / S Oxford St Tél. 718 522 6370 Mar.-dim. 17h (12h w.-e.)-2h*
Un restaurant, mais aussi et surtout un must en semaine, entre 17h30 et 20h, pour les "Happy Brooklynite" : *drinks* abordables et tacos de brocolis insolites en guise de snacks, dans une ambiance *chill-out*.

Barbès (I C5)
→ *376 9th St / 6th Ave. Tél. 347 422 0248 Lun.-jeu. 17h-2h, ven.-dim. 14h-4h (2h dim.) www.barbesbrooklyn.com*
À la fois bar et petite salle de concert, un lieu riche et vibrant, dont la programmation éclectique

MANHATTAN BRIDGE

BROOKLYN BRIDGE

BROOKLYN BRIDGE PARK

BROOKLYN HEIGHTS PROMENADE

BROOKLYN HISTORICAL SOCIETY

★ **Manhattan Bridge (I B1)**
Ce pont suspendu (1909) de 2 090 m fut la star du film de Sergio Leone *Il était une fois en Amérique* ! Avis aux piétons et aux cyclistes, qui partagent la voie la plus basse avec le métro : il relie DUMBO à Chinatown. Belles vues sur Lower Manhattan et le Brooklyn Bridge.

★ **Brooklyn Bridge (I B1)**
On cria à la pure folie lorsque les plans furent présentés en 1857, et il fallut attendre 1883 pour que le pont suspendu le plus long du monde fût érigé. Agréable promenade au crépuscule sur la voie piétonne, pour un point de vue sur l'East River, Downtown et Brooklyn.

★ **Brooklyn Bridge Park (I B2)**
→ *334 Furman St / 1 Main St*
Tlj. 6h-1h
Oasis urbaine située aux pieds des deux ponts de Brooklyn et de Manhattan, deux parcs au bord de l'eau, avec vue sur la *skyline*. Aires de jeux, de barbecue, oiseaux migrateurs ou non (essences d'arbres choisies à leur intention !) et terrains de sport. Superbe !

★ **Brooklyn Heights Promenade (I B2)**
→ *Entre Orange St et Grace Ct*
Le plus beau point de vue (avec le Brooklyn Bridge Park) sur les gratte-ciel de Lower Manhattan et le Brooklyn Bridge ! Aménagée en 1950 au-dessus de la voie express qui longe l'East River, cette promenade piétonne court sur 500 m. Un concentré de la population new-yorkaise : on y croise joggeurs, retraités lisant le journal sur un banc, artistes en mal d'inspiration, amoureux venus admirer le coucher du soleil...

★ **Brooklyn Historical Society (I B2)**
→ *128 Pierrepont St / Clinton St*
Tél. 718 222 4111 Mer.-dim. 12h-17h
Situé dans un monument historique de 1881 dessiné par George Post (dont le 4e étage est suspendu, modèle du Brooklyn Bri le musée documente le 400 ans d'histoire du quartier de Brooklyn. Tr belle façade néo-Renais ornée de terre cuite.

★ **New York Transit Museum (I B3)**
→ *Boerum Pl. / Schermerh*
Tél. 718 694 1600
Mar.-ven. 10h-16h, w.-e. 11
De l'extérieur, rien ne différencie l'entrée du musée des Transports new-yorkais d'une bana bouche de métro...
À l'intérieur, une exposi retrace le développeme réseau centenaire à l'ai d'installations interacti

THE RIVERSIDE CHURCH

STUDIO MUSEUM IN HARLEM

◄ Plan G

m de Hank Prussing et ny Vega (1974). À l'angle 6th et Park Ave., le *ti Hall of Fame*, créé en par l'artiste activiste odriguez pour laisser cours à la créativité graffeurs !

aint John the Divine edral (H A4)

47 Amsterdam Ave. / th St Tél. 212 316 7490 30-18h

nstruction de cette tesque cathédrale othique, entamée dès , ne devrait s'achever dans une cinquantaine nées... Les sculptures ortail ne datent que de ! La nef centrale, d'une longueur de 183 m, est bordée de chapelles décorées par des artistes contemporains.

★ Columbia University (H A3)

→ *2960 Broadway / W 116th St Tél. 212 854 4900* ***Visitor Center*** *Lun.-ven. 9h-17h*

Depuis 1897, la prestigieuse université new-yorkaise de Morningside Heights occupe 60 bâtiments ordonnés autour du Central Quadrangle. Cette esplanade arborée est dominée par le dôme surbaissé de la Low Memorial Library, ancienne bibliothèque aujourd'hui réservée aux cérémonies officielles.

★ The Riverside Church (H A3)

→ *490 Riverside Drive*
Tél. 212 870 6700
Tlj. 7h-22h

Fondée en 1922 à l'initiative de John D. Rockefeller, cette église arbore un style néogothique, largement inspiré de la cathédrale de Chartres. Son gigantesque carillon, composé de 74 cloches, peut couvrir une gamme de 5 octaves !

★ First Corinthian Baptist Church (H B4)

→ *1912 Adam Clayton Powell Jr. Blvd / W 116th St*
Tél. 212 864 5976
Messe *Dim. 7h30, 9h30, 11h30*

Une église baptiste, installée dans un ancien théâtre (1913) aux allures de palais kitsch ! Le dimanche, on assiste au culte avec gospel. Tout près : Canaan Baptist Church (*132 W 116th St*).

★ Studio Museum in Harlem (H B3)

→ *144 W 125th St / 7th Ave.*
Tél. 212 864 4500
Jeu.-ven., dim. 12h-21h (18h dim.) ; sam. 10h-18h

Un petit musée consacré à l'art afro-américain. Vaste collection de peintures, sculptures et photos, dont les travaux de James Van der Zee, représentant de la Renaissance de Harlem, ce mouvement artistique noir des années 1920-1930.

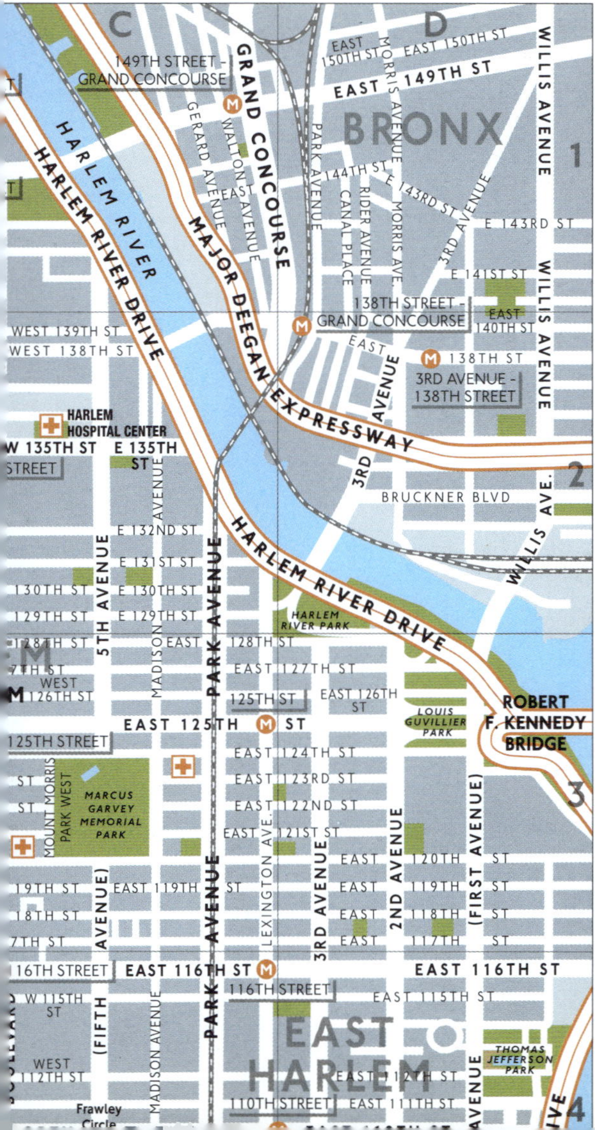

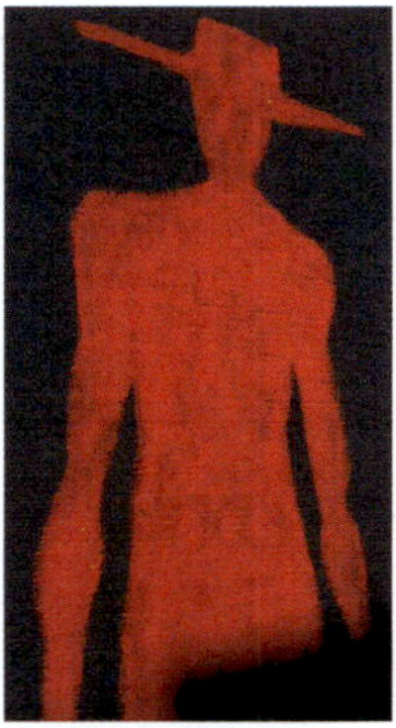

FRESQUES D'EAST HARLEM

SAINT JOHN THE DIVINE CATHEDRAL

scandinave. Atmosphère aussi cosmopolite et attrayante que la carte : pain de maïs, mini-côtes de bœuf à la noix de coco, crevettes frites et bananes plantain. Au rdc, le Ginny's Supper Club, pour un verre jazzy ! Plat 17-37$.

CAFÉ, CONCERTS

Absolute Bagels (H A4)
→ 2788 Broadway / W 108th St Tél. 212 932 2052
Tlj. 6h-21h
Impossible de quitter New York sans goûter à un bagel tout juste sorti du four ! Ceux-ci sont réputés les meilleurs, nature ou parfumés, sucrés ou salés, garnis ou non, pour un grignotage à toute heure.

Smoke Jazz and Supper Club (H A4)
→ 2751 Broadway / W 106th St
Tél. 212 864 6662
Tlj. 17h30 (11h dim.)-3h
***Concerts** Dim.-jeu. 19h, 21h et 22h30*
***Jazz brunch** Dim. 11h-15h*
www.smokejazz.com
Un club qui renaît de ses cendres. Les grands noms du jazz s'y produisent régulièrement dans une salle intime et sans fioritures. *Jazz brunch* le week-end, formules dîner-concert tous les soirs. Le lundi, scène ouverte et entrée gratuite.

Apollo Theater (H B3)
→ 253 W 125th St
Tél. 212 531 5300
www.apollotheater.org
Réservé au public blanc à son ouverture en 1913, l'Apollo devient en 1934 la première salle de jazz ouverte aux Noirs. Très vite, Bessie Smith, Billie Holiday ou Ella Fitzgerald y chantent, élevant le lieu au rang de temple du jazz new-yorkais. Plusieurs concerts par semaine. Le mercredi, l'*Amateur night* permet à de nouveaux talents d'éclore, comme Michael Jackson à ses débuts.

SHOPPING

Blue Tree (H C6)
→ 1283 Madison Ave. / E 92nd St Tél. 212 369 2583
Lun.-sam. 10h (11h sam.)-18h
Il y a un peu de tout dans cette charmante boutique : jouets, bijoux et accessoires de princesse, vêtements de jeunes créateurs, curieux objets pour la déco. Idéal pour trouver un cadeau !

Carol's Daughter (H C3)
→ 24 W 125th St / 5th Ave.
Tél. 212 828 6757 Lun.-sam. 10h-20h, dim. 11h-18h
Une ligne de cosmétiques naturels *made in Harlem*. Produits aux noms insolites tels que *Almond Cookie* ou *Ecstasy*, et un salon de coiffure au fond !

Jimmy Jazz (H B3)
→ 132 W 125th St / Adam Clayton Powell Jr Blvd
Tél. 212 665 4198
Lun.-sam. 9h30-19h30 (20h ven.-sam.), dim. 11h-18h30
Tous les classiques du *streetwear* à la mode de Harlem, avec une grande variété de jeans, baskets et tee-shirts sérigraphiés à prix serrés. Autre adresse au n° 239.

La Marqueta (H C4)
→ 1607 Park Ave / E 115th St
Tél. 212 534 4900
Lun.-sam. 8h-17h (19h jeu. ; 18h ven.-sam.), dim. 11h-17h
Le terroir caribéen s'invite sur les étals de cette halle couverte du Barrio !

À l'est de Central Park, en remontant vers le nord, Museum Mile continue d'égrener les musées... Rien de tel côté ouest, où le quartier perd vite son aspect résidentiel. Quelques minutes de taxi suffisent pour gagner Morningside Heights, qui héberge l'université Columbia et la cathédrale Saint John the Divine. Au-delà, c'est Harlem, le fief historique de la communauté noire new-yorkaise, des gospels, du jazz, et de la vraie cuisine du Sud. À East Harlem ("El Barrio"), c'est l'accent latino qui domine.

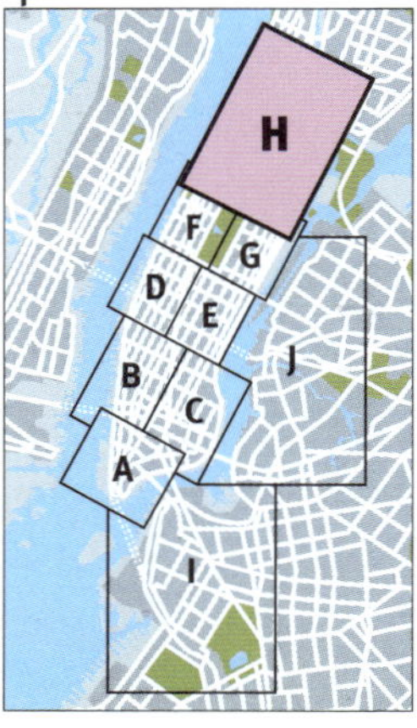

RESTAURANTS

Harlem Shake (H C3)
→ 100 W 124th St / Lenox Ave.
Tél. 212 222 8300
Tlj. 8h-23h (2h ven.-sam.)
Un *diner* à la sauce *soul food* et au décor afro-pop réjouissant ! Hot dogs et frites de patate douce, burgers relevés au piment *chipotle*... et des *patties*, galettes de viande hachée adoucies aux oignons caramélisés. Plat 4-9$.

Amy Ruth's (H B4)
→ 113 W 116th St / Malcolm X Blvd
Tél. 212 280 8779
Lun. 11h30-23h, mar.-jeu. 8h30-23h, ven. 8h30 puis non-stop jusqu'au dim. matin 5h30, dim. 7h30-23h
Pour suivre la tradition du Sud profond après la messe gospel. Soupes complètes, travers frits, gaufres garnies, pain perdu (*french toast*), en portions gargantuesques. Joyeux et bruyant ! Plat 10-20$.

Community Food & Juice (H A4)
→ 2893 Broadway / W 113th St Tél. 212 665 2800
Lun.-ven. 8h-21h30 (22h ven.), w.-e. 9h-22h (21h30 dim.)
Que des produits bio, préparés sans chichis. C'est bon, agréable à regarder, et l'ambiance est fort sympathique ! Clientèle de l'université voisine. Plat 12-29$.

Red Rooster (H C3)
→ 310 Lenox Ave. / W 126th St
Tél. 212 792 9001
Lun.-ven. 11h30-15h, 17h30-22h30 (23h30 ven.) ; w.-e. 10h-16h, 17h-23h30 (22h dim.)
Tenu par un Éthiopien élevé en Suède, voici un restaurant sous le signe de la diversité, qui revisite la traditionnelle *soul food* noire américaine à la

MUSEUM OF THE CITY OF NEW YORK

COOPER-HEWITT DESIGN MUSEUM

THE AFRICA CENTER

HARLEM MEER

◀ Plan F

★ **Cooper-Hewitt Design Museum (H** C6)
→ *2 E 91st St / 5th Ave.*
Tél. 212 849 8400
Tlj. 10h-18h (21h sam.)
L'ancienne demeure néo-georgienne d'Andrew Carnegie abrite ce superbe musée d'arts décoratifs et de design. De récentes rénovations lui ont fourni l'espace pour exposer toutes ses collections, dont des croquis de Michel-Ange, des estampes de Matisse et des dessins d'architecture.

★ **Museum of the City of New York (H** C5)
→ *1220 5th Ave. / 103rd St*
Tél. 212 534 1672
Tlj. 10h-18h
Dans un cadre néo-georgien (1930), un hommage au New York d'autrefois et à ses héros, célèbres ou anonymes : documents historiques, peintures, maquettes, photos, costumes, jouets et mobilier. Expositions temporaires.

★ **Museo del Barrio (H** C5)
→ *1230 5th Ave. / E 104th St*
Tél. 212 831 7272
Mer.-sam. 11h-18h
Fondé en 1969 par des activistes de la communauté portoricaine hispanophone d'East Harlem, "El Barrio", ce musée propose films, expositions et concerts consacrés à la culture d'Amérique latine. Café fort sympathique.

★ **The Africa Center (H** C4)
→ *1280 5th Ave. / E 110th St*
Tél. 212 444 9795
En travaux
www.theafricacenter.org
Ce musée, inspiré par la riche histoire afro-américaine de Harlem, devrait faire son entrée sur Museum Mile, après avoir quitté son site du Queens. Ses collections et ses expositions jettent une lumière passionnante sur l'héritage africain.

★ **Harlem Meer (H** C4)
→ *Central Park, entre 106th St et 110th St* ***Charles A. Dana Discovery Center*** *Tlj. 10h-17h*
Méconnue, plus sauvage, la partie nord de Central P recèle un magnifique la (*Meer* en néerlandais), troisième du parc. C'es seul sur lequel les pêch sont autorisés (ils doive relâcher les poissons) ! Ponctués de pelouses piquées de bancs, de s pleureurs et de rochers ses pourtours se prêter à une balade bucolique ou à une pause pique-n

★ **Fresques d'East Harlem (H** D5)
→ *E 106th St / Park Ave.*
Parmi les fresques mur les plus vivantes du qu d'East Harlem, il faut vo à l'angle de Lexington e de 104th St, *The Spirit o*

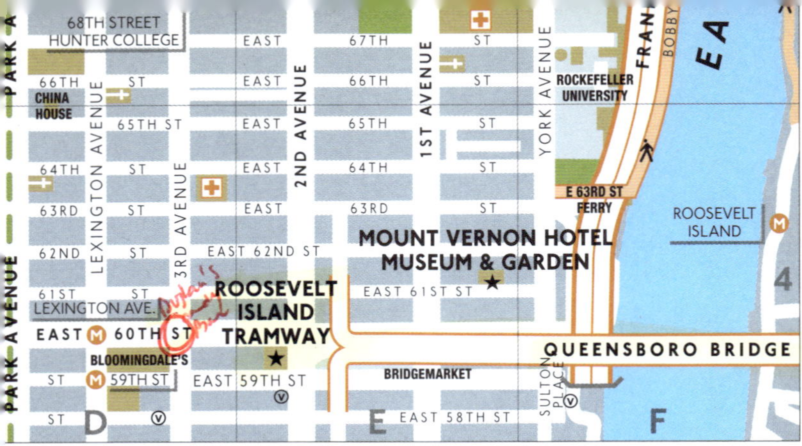

…OPOLITAN MUSEUM OF ART

GUGGENHEIM MUSEUM

…cal, tempéré et polaire.
…èle reconstitution
…lifférents écosystèmes
…et d'observer, entre
…s curiosités, une
…nie de pingouins
…es oiseaux tropicaux.
…esda Fountain /
…Mall (G B3)
…au lac, cette fontaine
…ée par un ange biblique,
…vée en 1873, rend
…mage à celle qui porte
…ème nom à Jérusalem.
…rrasse qui la surmonte
…olonge par le Mall,
…nade ombragée où
…nt les fans de rollers.
…Bridge /
…Ramble (G B2)
…mantique Bow Bridge, unique, traverse le lac. Au nord s'étend The Ramble, zone plus accidentée du parc.

★ Metropolitan Museum of Art (G C1)
→ *1000 5th Ave. / E 82nd St*
Tél. 212 535 7710
Tlj. 10h-17h30 (21h ven.-sam.)
Créé en 1870 pour rivaliser avec les plus grands musées européens, le Met compte 21 départements et plus de 2 millions d'objets et d'œuvres d'art qui résument la culture mondiale. Il rassemble notamment une vaste collection d'antiquités égyptiennes, des tableaux inestimables de tous les grands maîtres de la peinture et la plus riche collection au monde d'art américain. Le temple de Dendur, offert par l'Égypte en 1965, a été reconstruit de toutes pièces à l'intérieur du bâtiment ! L'art moderne et contemporain est exposé au Breuer Building (**G** C2), de style Bauhaus (ouverture mars 2016).

★ Neue Galerie (G C1)
→ *1048 5th Ave. / E 86th St*
Tél. 212 994 9493 Jeu.-lun. 11h-18h
Un petit musée qui abrite la collection d'art allemand et autrichien (1890-1940) du géant des cosmétiques Ronald Lauder. Parmi les chefs-d'œuvre de l'avant-garde européenne : *Portrait d'Adele Bloch-Bauer* (Gustav Klimt, 1907).

★ Guggenheim Museum (G C1)
→ *1071 5th Ave. / E 89th St*
Tél. 212 423 3500 Ven.-mer. 10h-17h45 (19h45 sam.)
Ce fabuleux musée se visite tant pour son audacieux bâtiment (1959) que pour ses collections et ses expositions ! Pour celles-ci, l'architecte Frank Lloyd Wright imagina une galerie de 800 m grimpant en spirale jusqu'au tambour de la coupole centrale. Dans les salles, des œuvres du riche fonds d'art moderne et contemporain, présenté partiellement : cubisme, fauvisme, Sécession, suprématisme russe…

A SOCIETY

FRICK COLLECTION

SALON DE THÉ, CAFÉ, BARS

F. P. Pâtisserie (G D2)
→ *1293 3rd Ave. / E 74th St*
Tél. 212 717 5252
Lun.-sam. 8h-21h, dim. 9h-18h
Paradis des palais sucrés, le salon de thé du pâtissier François Payard : gourmand chocolat chaud, divins macarons, tartes, truffes...

Café Sabarsky (G C1)
→ *1048 5th Ave. / E 86th St*
Tél. 212 628 6200 Mer.-lun. 9h-18h (21h jeu.-dim.)
Atmosphère ouatée des cafés viennois du XIXe s., au rez-de-chaussée de la Neue Galerie. Recettes d'Europe centrale, chocolat viennois, bien sûr, et de gros gâteaux, comme le délicieux *Apfelstrudel*.

The Penrose (G E1)
→ *1590 2nd Ave. / E 82nd St*
Tél. 212 203 2751 Tlj. 15h (12h ven. ; 10h30 w.-e.)-4h
Il manquait une adresse rafraîchissante à un Upper East Side un brin traditionaliste... Voici cette lacune envolée avec ce bar-gastropub aux banquettes cosy !

Club Macanudo (G C4)
→ *26 E 63rd St / Madison Ave.*
Tél. 212 752 8200 Tlj. 12h-1h (2h mer.-sam. ; 22h dim.)
Le rhum et la *cachaça* coulent à flots dans cet ardent bar latino-américain. Une escale élégante, pour entamer la nuit new-yorkaise sur les chapeaux de roues ! Fumoir et grande sélection de cigares.

Lexington Bar & Books (G D2)
→ *1020 Lexington Ave. / E 73rd St Tél. 212 717 3902*
Tlj. 17h-4h
James Bond n'aurait pas renié ce *cigar bar* idéal pour se délasser. Livres reliés en cuir alignés sur les murs en acajou, feu de cheminée et fameux cocktails à siroter dans des fauteuils club.

SHOPPING

Barneys (G C4)
→ *660 Madison Ave. / E 61st St Tél. 212 826 8900*
Lun.-sam. 10h-20h (19h sam.), dim. 11h-18h
Sur 7 étages, la vitrine des stylistes en vue. Immense rayon accessoires.

Pat Areias (G C2)
→ *966 Madison Ave. / E 76th St*
Tél. 212 717 7200 Lun.-sam. 10h-18h, dim. 10h30-17h
Cette artiste californienne réalise des bijoux et des boucles de ceinture en argent, en s'inspirant du savoir-faire mexicain. À monter sur le cuir de son choix.

Zitomer (G C2)
→ *969 Madison Ave. / E 76th St Tél. 212 737 5560*
Lun.-sam. 9h-20h (19h sam.), dim. 10h-18h
Depuis 1950, savons, lotions, brosses et autres accessoires pour le bien-être du corps et de l'esprit.

Lilly Pulitzer (G C2)
→ *1020 Madison Ave. / E 79th St Tél. 212 744 4620*
Lun.-sam. 10h-18h (20h jeu.), dim. 12h-17h
L'héritière Pulitzer a créé une ligne de vêtements qui brouille sans complexe les codes de la pop et du style BCBG, pour un résultat d'un kitsch réjouissant !

Bloomingdale's (G D4)
→ *1000 3rd Ave. / E 59th St*
Tél. 212 705 2000 Lun.-sam. 10h-20h30, dim. 11h-19h
Ce célèbre grand magasin s'adresse à une clientèle résolument chic et classique. Grand choix de robes de soirée et superbe rayon ameublement.

G

Upper East Side

Fief historique de la grande bourgeoisie, l'Upper East Side, quartier luxueux, un peu guindé, est traversé par trois grandes avenues. D'ouest en est, Fifth Avenue devient Museum Mile, l'allée des Musées, bordée du Met, du Guggenheim... et de riches hôtels particuliers. Madison Avenue collectionne les grands créateurs de mode. Park Avenue, enfin, très résidentielle, aligne des immeubles cossus gardés par des portiers. Par contraste, à l'est, le Roosevelt Island Tramway offre une envolée vers l'East River.

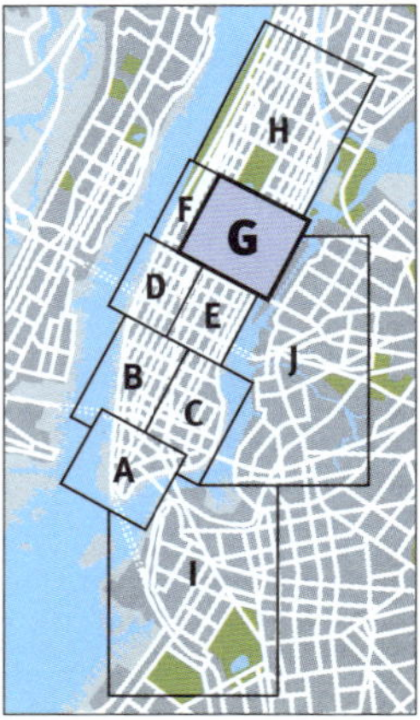

RESTAURANTS

Papaya King (G D1)
→ *179 E 86th St / 3rd Ave. Tél. 212 369 0648 Lun.-sam. 8h-0h (2h ven.-sam.), dim. 9h-0h*
La première adresse d'une improbable chaîne aux couleurs ensoleillées, qui vend avec autant de succès jus de fruits exotiques et... hot dogs ! Les deux figurent parmi les meilleurs de la ville. Hot dog 3-4$.

EJ's Luncheonette (G D3)
→ *1271 3rd Ave. / E 73rd St Tél. 212 472 0600 Tlj. 7h30-22h30*
Un restaurant familial souvent bondé, où tous les classiques du *diner* sont à l'honneur : burgers, salades et snacks. Plat 8-14$.

E. A. T. (G C2)
→ *1064 Madison Ave. / E 81st St Tél. 212 772 0022 Tlj. 7h-22h*
Des produits de Zabar's – *delicatessen* historique – et un décor de bistrot (grands miroirs, carrelage noir et blanc). Délicieux sandwichs et salades, plats de poisson, desserts gourmands. Ambiance décontracté chic à la new-yorkaise. Plat 18-38$.

The Loeb Boathouse (G C3)
→ *Central Park, East Drive / E 72nd St Tél. 212 517 2233 Avr.-nov. : tlj. 12h (9h30 w.-e.)-21h30 ; déc.-mars : tlj. 12h (9h30 w.-e.)-16h*
Dans un cadre enchanteur, au beau milieu de Central Park, une superbe véranda sur le lac invite à un repas bucolique et romantique. Cuisine de brasserie américaine traditionnelle : incontournable salade Caesar, grillades, etc. Bar sur la berge aux beaux jours. Plat 22-44$.

1 Goûter une

← gâteau dont le
(nature, fraise,
le joli salon de
thé de LADY M
(41, E 78th St)

La FRICK COLLE
est l'endroit le + apaisant de New
Le dimanche de 11 à 13h, l'entrée c'est
"Pay what you wish
3 (Astuce-dige

ROOSEVELT ISLAND TRAMWAY

MOUNT VERNON HOTEL MUSEUM & GARDEN

TEMPLE EMANU-EL

CENTRAL PARK

CENTRAL PARK ZOO

CENTRAL PARK / WOLLMAN

★ **Roosevelt Island Tramway (G** E4)
→ *E 60th St / 2nd Ave.*
Tlj. 6h-2h (3h30 ven.-sam.)
Prendre le téléphérique et s'envoler au-dessus de l'East River pour le prix d'un ticket de métro. Panorama insolite !

★ **Mount Vernon Hotel Museum & Garden (G** E4)
→ *421 E 61st St / 1st Ave.*
Tél. 212 838 6878
Mar.-dim. 11h-16h
Un musée de 9 pièces au joli mobilier du XIXe s., dans une ancienne auberge où se réfugiaient jadis les citadins en quête de campagne ! La maison, de style fédéral, est une des plus belles demeures new-yorkaises du XVIIIe s.

★ **Temple Emanu-El (G** C4)
→ *1 E 65th St / 5th Ave.*
Tél. 212 744 1400
Dim.-jeu. 10h-16h30
La plus grande synagogue réformée du monde (1929) rivalise en taille avec les cathédrales de la ville. La salle de prière romano-mauresque accueille les membres de la grande bourgeoisie juive locale.

★ **Asia Society (G** D3)
→ *725 Park Ave. / E 70th St*
Tél. 212 288 6400 Mar.-dim. 11h-18h (11h-21h le ven. sep.-juin)
La superbe collection de John D. Rockefeller III, passionné d'art asiatique, et ses chefs-d'œuvre du Japon, de Chine, d'Inde et d'Afghanistan.

★ **Frick Collection (G** C3)
→ *1 E 70th St / 5th Ave.*
Tél. 212 288 0700
Mar.-sam. 10h-18h, dim. 11h-17h
Henry Clay Frick (1849-1919), richissime industriel de Pittsburgh, a rassemblé durant près de 40 ans une collection d'œuvres d'art unique. Son hôtel particulier néoclassique dévoile la sûreté de ses goûts : émaux de Limoges, bronzes Renaissance, toiles de maîtres (Vermeer, Fragonard, Bellini, Holbein...), et du mobilier royal français. Un "grand petit musée".

★ **Central Park (G** B2)
→ *Tlj. 6h-1h*
Immortalisé par les cinéastes, de John Schlesinger à Rob Reine Woody Allen, le plus cél des parcs new-yorkais e l'œuvre (1858-1873) des paysagistes Frederick L Olmsted et Calvert Vaux qui firent planter plus d 500 000 arbres sur 340 Parmi les endroits magi ne pas manquer la *skyli* vue de l'océan de verdu Sheep Meadow, les ser autour du lac ou la patin Wollman Rink, en hiver.

Central Park Zoo (G C4
→ *E 64th St Tél. 212 439 65*
Avr.-oct. : tlj. 10h-17h (17h30
nov.-mars : tlj. 10h-16h30
Plus de 500 animaux répartis sur trois espace

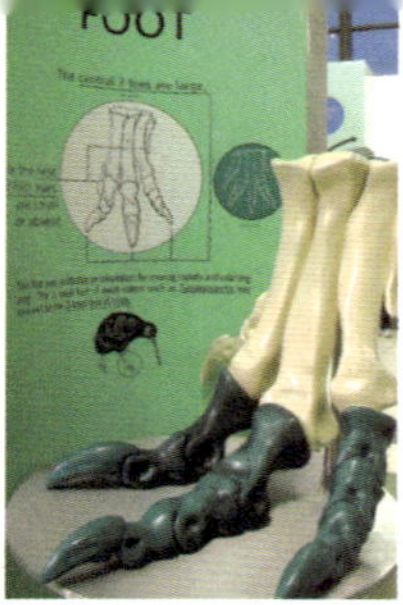

AMERICAN MUSEUM OF NATURAL HISTORY

RIVERSIDE PARK

Plan D

re Singer, le Dakota
ing fut le premier
plexe new-yorkais
partements de luxe.
prestigieuse adresse
éduisit nombre de
(Lauren Bacall,
ard Bernstein...)
i servit de décor
m *Rosemary's Baby*.
décembre 1980,
assinat de John
on, devant l'entrée
mmeuble, le rendit
ment célèbre.

rawberry Fields
)
ntral Park West / W 72nd St
un coin
culièrement bucolique
entral Park, face au
Dakota Building, où John Lennon fut abattu, une mosaïque nommée *Imagine*, symbole de paix, évoque l'un des plus grands succès du chanteur. De nombreux fans s'y recueillent encore.

★ **New York Historical Society (F** C3)
→ *170 Central Park West / W 77th St Tél. 212 873 3400 Mar.-sam. 10h-18h (20h ven.), dim. 11h-17h*
Le plus ancien des musées new-yorkais (1804) expose sur les quatre niveaux de son bâtiment néoclassique une collection éclectique consacrée à la ville et à l'État de New York depuis trois siècles : de l'histoire des transports new-yorkais aux lampes Tiffany, en passant par des aquarelles de l'ornithologue John James Audubon, sans oublier une vaste collection d'affiches publicitaires et de cartes postales anciennes.

★ **American Museum of Natural History (F** C3)
→ *W 79th St / Central Park West Tél. 212 769 5100 Tlj. 10h-17h45*
Le plus grand musée d'histoire naturelle du monde ! Expositions sur les minéraux, les mammifères, les dinosaures, les oiseaux et les civilisations africaines, indienne et asiatiques. Projections de films documentaires sur écran géant dans la salle Naturemax.

★ **Riverside Park (F** A3)
→ *Riverside Drive, entre 72nd St et 158th St*
Aménagé sur plus de 80 *blocks*, le long de l'Hudson, Riverside Park est le deuxième espace vert de Manhattan, derrière Central Park. L'architecte paysagiste Frederick Law Olmsted utilisa en 1875 les anciennes voies ferrées du New York Central Railroad pour créer ce vaste parc qui court au nord jusqu'à Harlem et l'université Columbia. D'agréables cafés ponctuent les allées.

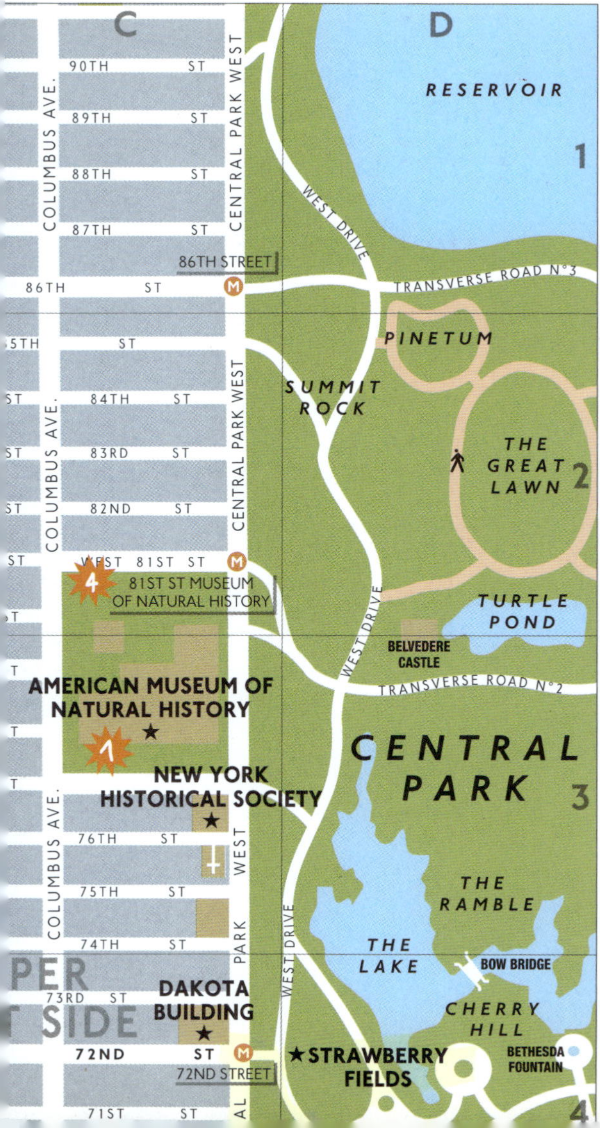

DAKOTA BUILDING

STRAWBERRY FIELDS

▶ Plan H

▼ Plan G

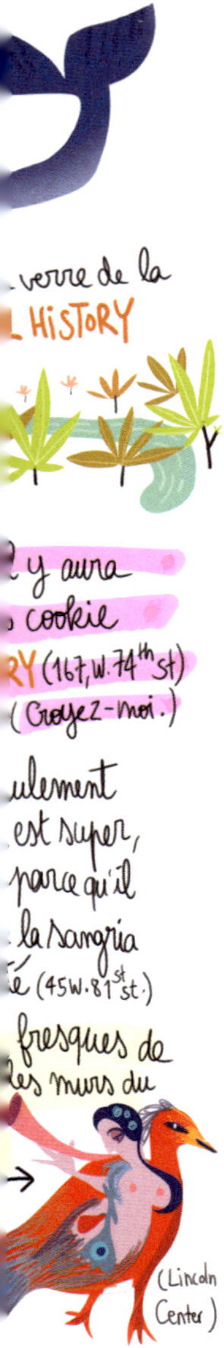

RESTAURANTS

Whole Foods Market (F C6)
→ *10 Columbus Circle / W 58th St Tél. 212 823 9600 Tlj. 8h-23h*
Au sous-sol du Time Warner Center, ce supermarché bio propose toutes sortes de plats chauds ou froids à emporter : salades, sushis, curries... mais aussi une belle variété de pains et de fromages. Idéal pour un pique-nique à Central Park ! Plat 10-15$.

Barney Greengrass (F B1)
→ *541 Amsterdam Ave. / W 87th St Tél. 212 724 4707 Mar.-dim. 8h30-18h*
Très réputé pour ses poissons fumés, ce *deli* populaire un brin désuet, au décor en Formica, prépare de larges assiettes de saumon ou d'esturgeon, accompagnés d'un bagel et de fromage frais. Plat 12-50$.

Café Luxembourg (F B4)
→ *200 W 70th St / Amsterdam Ave. Tél. 212 873 7411 Lun.-ven. 8h-23h (0h mer.-ven.), w.-e. 9h-0h (23h dim.)*
L'esprit bistrot, entre long bar en métal poli et petites tables nappées de blanc, pour une cuisine simple et authentique (huîtres, steak tartare, *fish & chips*). Clientèle élégante mais décontractée, ambiance reposante. Plat 17-34$.

Nougatine at Jean-Georges (F C6)
→ *1 Central Park West / W 61st St Tél. 212 299 3900 Lun.-ven. 7h-15h30, 17h30 (17h ven.)-23h ; w.-e. 8h-23h*
Tout l'art d'un grand chef, Jean-Georges Vongerichten, dans cette brasserie chic, pas snob du tout ! Menu (soir) 98$, plat 19-38$.

CAFÉS, BARS

Épicerie Boulud (F C5)
→ *1900 Broadway / W 63rd St Tél. 212 595 9606 Lun.-ven. 7h-23h (22h lun.), sam. 7h-23h, dim. 8h-22h*
Daniel Boulud, ou la *success story* d'un Français dont l'"épicerie" fait face au Lincoln Center. Salades, sandwichs et viennoiseries comblent les envies des amateurs de théâtre et, le soir, le bar à huîtres réchauffe l'ambiance !

Stone Rose Lounge (F C6)
→ *10 Columbus Circle / W 58th St Tél. 212 823 9769 Tlj. 12h-2h (3h jeu.-sam. ; 0h dim.)*
Au 4e étage du Time Warner Center, un *lounge* élégant prisé pour sa vue sur Columbus Circle et Central Park. Cocktails insolites, dont le martini au basilic !

Manhattan Cricket Club (F B3)
→ *226 W 79th St / Broadway Tél. 646 823 9252 Mar.-sam. 18h-2h*
À l'étage du restaurant du même nom, un bar à l'esprit très "churchillien", pour un cocktail "Just a Kiss Away" ou "I'll have Another", à base de gin ou de rhum vieux...

CONCERTS

Lincoln Center (F B5)
→ *10 Lincoln Center Plaza Tél. 212 362 6000 www.lincolncenter.org*
Les plus prestigieuses compagnies new-yorkaises de musique, d'opéra, de danse et de théâtre (The Metropolitan Opera, New York Philharmonic, New York City Ballet, etc.) sont ici ! Multiples salles pour une programmation éclectique de premier ordre.

Beacon Theatre (F B3)
→ *2124 Broadway / W 74th St Tél. 212 465 6500 www.beacontheatre.com*
L'un des plus beaux théâtres de New York, qui a gardé son somptueux cadre Art déco. Programmation musicale très variée (variété ou pointures du rock).

SHOPPING

J. Crew (F C6)
→ *10 Columbus Circle / W 58th St Tél. 212 823 9302 Tlj. 10h-21h (19h dim.)*
Le porte-drapeau du style *casual chic* à l'américaine décline chemises à carreaux, robes et pulls bien coupés... en plein cœur du Time Warner Center. Deux magasins, femmes et hommes.

Housing Works (F C3)
→ *306 Columbus Ave. / W 74th St Tél. 212 579 7566 Lun.-sam. 10h-19h (18h sam.), dim. 11h-17h*
Vêtements d'occasion, livres et objets de seconde main, souvent donnés par de grandes maisons à cette boutique dont les bénéfices sont reversés à des associations.

Tani (F B4)
→ *2020 Broadway / W 69th St Tél. 212 873 4361 Lun.-sam. 10h-19h30, dim. 11h-19h*
Trouver botte de pluie, bottine ou chaussure *trendy* à son pied (hommes, femmes et enfants) peut se faire à prix doux dans cette petite boutique !

F

Upper West Side

Immortalisé en 1957 par *West Side Story*, de Leonard Bernstein, l'Upper West Side a bien changé depuis, et les célébrités préfèrent ce quartier luxueux, mais animé, à son alter ego de l'Est. Lincoln Center, temple de la musique, de la danse et du théâtre, y est pour beaucoup. De Columbus Circle à Broadway, bars et restaurants accueillent les noctambules après le spectacle. De Lincoln Center, une balade à pied le long de Central Park conduit au Museum of Natural History.

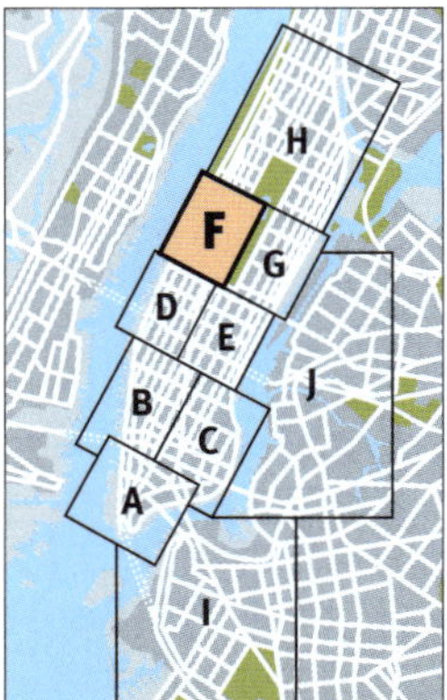

1 Se perdre sous les 10 tonnes d
baleine suspendue du MUSEUM OF

2 L'été, on peut prendre des
cours gratuits de yoga en plein
air dans RIVERSIDE PARK le

3 Dans votr
un avant et
de chez LEVAI

4
Le weekend,
il vaut mieux
réserver pour
le brunch du
CALLE OCHO...

pa
ma
i
(

6
Adm
Chag
ME
H

5 Bonnes
salades
copieuses
au AROMA
ESPRESSO
BAR (161, W. 72nd St.)

MAINE MEMORIAL

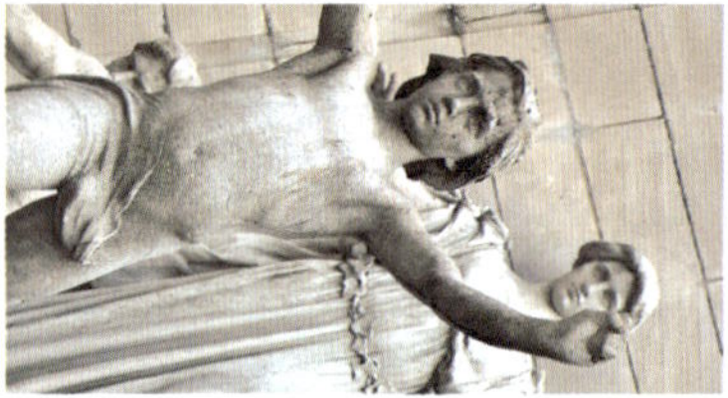

COLUMBUS CIRCLE

LINCOLN CENTER

AMERICAN FOLK ART MUSEUM

◀ Plan D

★ **Columbus Circle (F** C6)
→ *Angle sud-ouest de Central Park*
Cette grande place fut ainsi baptisée en 1892 pour célébrer le 400e anniversaire de la découverte de l'Amérique. Au centre, une colonne de marbre porte la statue de Christophe Colomb. Côté ouest, les tours de verre du Time Warner Center abritent boutiques et restaurants réputés.

★ **Maine Memorial (F** C6)
→ *Angle sud-ouest de Central Park*
Le magnat de la presse William Randolph Hearst fit édifier le Maine Memorial en 1913 à la mémoire du vaisseau américain *Maine*, coulé en 1898 par les Espagnols dans le port de La Havane, à Cuba. Épisode qui amorça le conflit entre les deux pays. Le monument, de marbre et de bronze doré, est l'œuvre du sculpteur Attilio Picarelli.

★ **Museum of Arts and Design (F** C6)
→ *2 Columbus Circle Tél. 212 299 7777 Mar.-mer., w.-e. 10h-18h ; jeu.-ven. 11h-21h*
Un musée du design éblouissant (2008), tout en verre et céramique. Pour un excellent aperçu des dernières tendances en matière d'objets et d'ameublement, confrontées à des œuvres d'artistes contemporains.

★ **Lincoln Center (F** B5)
→ *Tél. 212 875 5350*
Visites guidées *Tlj. 10h30-16h30 lc.lincolncenter.org*
Le premier complexe culturel des États-Unis, édifié à l'initiative de John D. Rockefeller et inauguré en 1966. Sept bâtiments et 19 salles peuvent accueillir quelque 12 000 spectateurs. Vedettes incontestées : le Metropolitan Opera House et son hall orné de peintures de Chagall, l'Avery Fisher Hall, salle du New York Philharmonic Orchestra, le New York State Theater, le Linco[ln] Center Theater et la Juilliard School of Mus[ic]

★ **American Folk Art Museum (F** C5)
→ *2 Lincoln Square / W 66 Columbus Ave. Tél. 212 595 Mar.-jeu., sam. 11h30-19h ven., dim. 12h-19h30 (18h*
L'art populaire et l'*Outs[ider] Art* sont présentés ici par le biais des collect[ions] permanentes et de passionnantes exposit[ions]. Concert gratuit le ven. à 17h30.

★ **Dakota Building (**
→ *W 72nd St / Central Park*
Édifié en 1884 selon le souhait d'Edward Clar[k] président des machine

SAINT PATRICK'S CATHEDRAL

TRUMP TOWER

◀ Plan C

…narque. Marbre, …chromé, granit et …ries incrustées de …s floraux habillent …plendide *lobby*.

…anin Building (E B4)
…E 42nd St / Lexington Ave.
…bel exemple de …éco new-yorkais, …meuble de 1928 est …ré de magnifiques …en bronze sur le thème …volution.

…ited Nations (E D3)
…ve. / E 46th St
…963 8687 visit.un.org
…n. 9h30-16h15
…uidée (45 min) sur …tion, ttes les 30 min
…. Rockefeller offrit …llions de dollars à l'ONU pour l'acquisition de 7 ha de terrain en bordure de l'East River. Le complexe colossal sera édifié au lendemain de la Seconde Guerre mondiale par une équipe de dix architectes, dont le Français Le Corbusier. Visiter les célèbres salles du Conseil de sécurité, de l'Assemblée générale, et la bibliothèque permet de mieux comprendre le fonctionnement complexe de ce parlement mondial.

★ Villard Mansions (E B2)
→ 451-457 Madison Ave.
Un étonnant édifice de *brownstone*, de style néo-Renaissance, bâti en 1885 pour répondre aux rêves de grandeur de Henry Villard, riche fondateur de la Northern Pacific Railway. Ruiné, il dut vendre ses six hôtels particuliers. L'un d'eux est occupé par le New York Palace Hotel, dont le hall principal est ouvert au public.

★ Saint Patrick's Cathedral (E A2)
→ 5th Ave. / 50th St
Tlj. 6h30-20h45
Pas de visite pendant le culte
La plus grande cathédrale catholique des États-Unis (2 400 places) ! Sa construction, inspirée des cathédrales gothiques européennes, s'échelonna de 1858 à 1888. Édifiée pour l'importante communauté irlandaise de la ville, elle sert de point de départ aux célèbres parades de Pâques et de la Saint-Patrick.

★ Trump Tower (E A1)
→ 725 5th Ave. / E 56th St
Tlj. 8h-22h
Cette folie architecturale a été commanditée par le magnat de l'immobilier Donald Trump. Bâtie en 1983, la tour de 202 m de haut recèle un atrium de 5 étages, habillé de marbre d'Italie, et une cascade de 24 m. Au 5e étage, la vaste terrasse arborée est aussi surprenante qu'agréable.

UNITED NATIONS

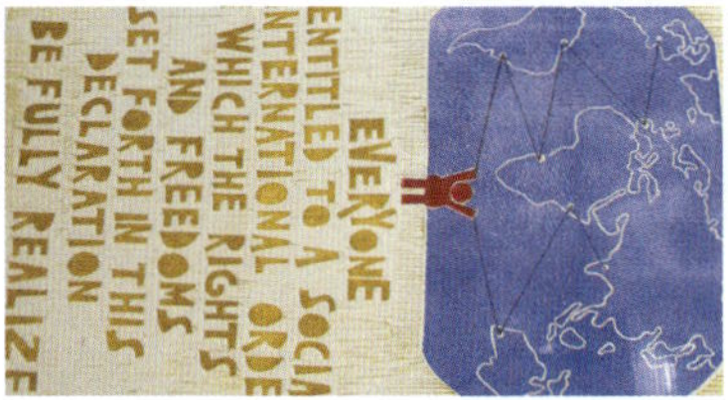

CHANIN BUILDING

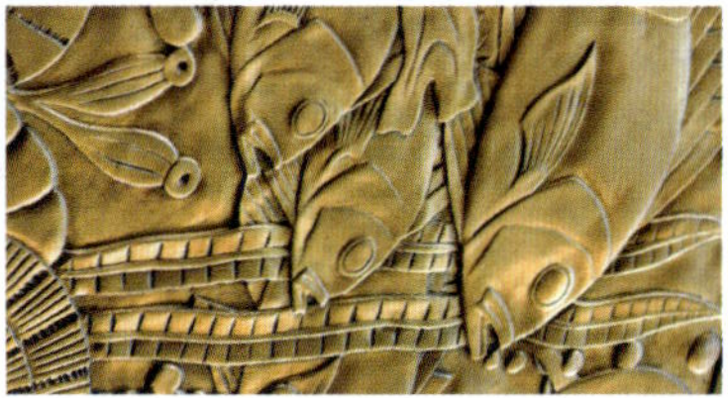

▼ Plan J

▶ Plan G

en cachemire, chemisiers à rayures, etc.

Saks Fifth Avenue (E A3)
→ *611 5th Ave. / E 49th St Tél. 212 753 4000 Lun.-sam. 10h-20h, dim. 12h-19h*
Un grand magasin absolument mythique ! Derniers créateurs à la mode, marques de luxe, beau rayon de parfums et bijoux fantaisie.

Tiffany & Co. (E A1)
→ *727 5th Ave. / W 57th St Tél. 212 755 8000 Lun.-sam. 10h-19h, dim. 12h-18h*
Tiffany & Co. n'a pas attendu d'être immortalisé par Blake Edwards dans le film *Breakfast at Tiffany's* pour accéder au rang d'institution new-yorkaise ! Pour admirer les somptueuses parures de diamants, ou acquérir de petites pièces plus modestes.

Bergdorf Goodman (E A1)
→ *754 5th Ave. / W 58th St Tél. 212 753 7300 Lun.-sam. 10h-20h (19h sam.), dim. 11h-18h*
Fondé au tout début du XXe s. par un tailleur alsacien et son jeune associé, ce grand magasin de luxe rassemble les *corners* des plus grands designers du monde ! Il est célèbre pour son rayon robes de mariée (de conte de fées), pour son café *so chic* et pour ses vitrines de Noël. Boutique hommes de l'autre côté de 5th Ave.

Nike Town (E A1)
→ *6 E 57th St / 5th Ave. Tél. 212 891 6453 Lun.-sam. 10h-20h, dim. 11h-19h*
Un véritable temple dédié au culte de la basket Nike et du *sportswear* assorti ! Autour d'un immense atrium, des modèles souvent exclusifs.

1 FIVE GUYS est une chaîne de burgers acclamée par Zagat, au prix du Mc Do mais la comparaison s'arrête là. (et ces frites... ♡) (690, 3rd avenue)

2 Délicieux petit-déjeuner : PENELOPE (159 Lexington Ave.)

3 Chaque année, pour célébrer Saint François d'Assise, la cathédrale SAINT PATRICK organise une messe pour animaux

4 Comparée à la MORGAN LIBRARY, la bibliothèque de Poudlard dans Harry Potter est une grosse blague.

Le CAMPBELL APARTMENT, 5 pour...

...boire un verre dans un cadre qui en jette VRAIMENT (15 Vanderbilt Ave)

E

Midtown East / Fifth Avenue

Entre Fifth Avenue et l'East River, cette partie de New York, essentiellement verticale, offre une belle balade architecturale. Le siège de l'ONU et le terminal de la gare de Grand Central, par où transitent des millions de New-Yorkais, rivalisent avec les chefs-d'œuvre Art déco que sont les Chrysler et Chanin Buildings. L'Empire State Building ouvre la perspective vers le nord de Fifth Avenue et ses boutiques, des lions de marbre de la New York Public Library aux flèches de la cathédrale Saint-Patrick.

RESTAURANTS

Pongal (E B6)
→ *110 Lexington Ave. / E 28th St*
Tél. 212 696 9458
Tlj. 12h-22h
L'un des très bons restaurants indiens de la ville, et l'un des rares à proposer la vraie cuisine végétarienne du Sud. Simple et chaleureux. Menu midi 8$, plat 10-15$.

Hangawi (E A6)
→ *12 E 32nd St / 5th Ave.*
Tél. 212 213 0077
Lun.-ven. 12h-14h45, 17h-22h15 ; sam. 13h-22h30 ; dim. 17h-21h30
Bienvenue dans la Corée chic, zen et végétarienne ! Les salades de ginseng et de tofu sont un vrai délice... Menu 55$, plat 17-30$.

P. J. Clarke's (E C1)
→ *915 3rd Ave. / E 55th St*
Tél. 212 317 1616
Tlj. 11h30-3h **Bar** *11h30-4h*
Ce *saloon* légendaire ouvert en 1884 a conservé sa patine et continue de servir burgers, *baked macaroni*, cheese-cakes et alcools jusque tard dans la nuit. Nat King Cole, Frank Sinatra et les Kennedy comptaient parmi les habitués... Plat 18-30$.

Grand Central Oyster Bar (E B4)
→ *Grand Central Terminal, 89 E 42nd St*
Tél. 212 490 6650
Lun.-ven. 11h30-22h
Au sous-sol de Grand Central, assiettes de poisson et de fruits de mer servies dans une grande salle aux voûtes pavées de carrelage blanc. Pour se régaler d'une soupe aux clams ou de l'une des dizaines de variétés d'huîtres à la pièce. Plat 20-30$.

BARS

Salon de Ning (E A2)
→ *700 5th Ave. / W 55th St*
Tél. 212 903 3097
Tlj. 17h-1h (0h dim.)
Au 23e étage de l'hôtel Peninsula, un bar très chic et son cadre inspiré du Shanghai Art déco des années 1930. Sa terrasse et sa belle carte de cocktails se prêtent à un apéritif haut perché.

King Cole Bar (E A2)
→ *2 E 55th St / 5th Ave.*
Tél. 212 339 6857 Lun.-sam. 11h30-1h, dim. 12h-0h
Dans le cadre luxueux de l'hôtel St Regis, voici le bar où aurait été inventé le Bloody Mary ! On y vient pour les cocktails et pour l'impressionnant décor de fresques murales.

SHOPPING

Grand Central Market (E B4)
→ *Lexington Ave. / E 42nd St*
Lun.-ven. 7h-21h, sam. 10h-19h, dim. 11h-18h
Installé dans l'une des ailes de Grand Central Terminal, ce marché propose tout un éventail de produits frais à grignoter, ou pour le pique-nique : fromage, pains garnis, fruits, plats cuisinés, cheese-cakes, etc.

Brooks Brothers (E B3)
→ *346 Madison Ave. / E 44th St Tél. 212 682 8800*
Lun.-ven. 8h-20h, w.-e. 9h (11h dim.)-19h
Les stars hollywoodiennes s'y précipitaient dans les années 1940 ! Aujourd'hui, c'est "le" lieu où acheter la panoplie du parfait gentleman : chemises, costumes et pyjamas très *smart*. Et pour la femme BCBG, pulls

EMPIRE STATE BUILDING

THE MORGAN LIBRARY

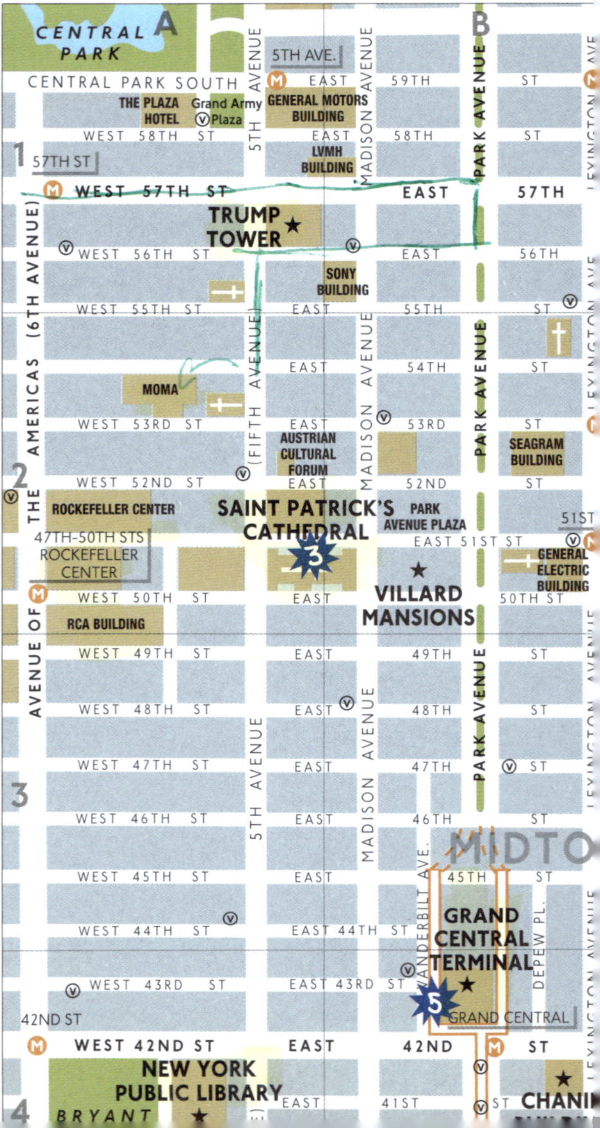

GRAND CENTRAL TERMINAL

CHRYSLER BUILDING

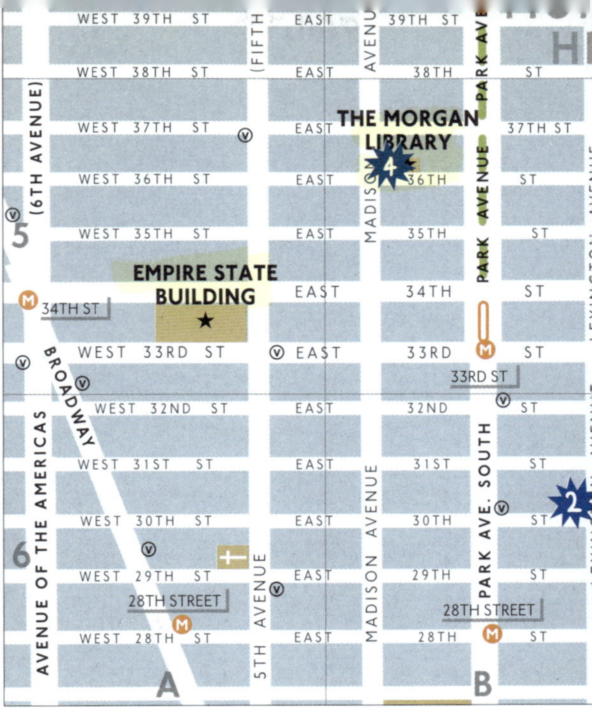

◀ Plan B

★ **Empire State Building (E A5)**
→ *350 5th Ave. / W 33rd St*
Tél. 212 736 3100 Tlj. 8h-2h
Quand il fut achevé, en 1931, ce gratte-ciel mythique détrôna le Chrysler Building et devint, avec ses 381 m, la plus haute construction jamais réalisée par l'homme. Le mât au sommet servait à l'amarrage des dirigeables. Il attire chaque jour 35 000 visiteurs venus contempler Downtown et Central Park des 86ᵉ et 102ᵉ étages. Une vue à couper le souffle !

★ **The Morgan Library (E B5)**
→ *225 Madison Ave. / E 36th St*
Tél. 212 685 0008
Lun.-ven. 10h30-17h (21h ven.), w.-e. 10h (11h dim.)-18h
La merveilleuse collection de livres rares, de dessins de maîtres et de reliures médiévales du financier J. Pierpont Morgan, abritée dans un palais néo-Renaissance de 1903... prolongé d'une aile contemporaine de Renzo Piano (2006).

★ **New York Public Library (E A4)**
→ *455 5th Ave. / W 42nd St*
Tél. 917 275 6975 Lun.-ven. 8h-23h (20h ven.), w.-e. 10h-18h
Avec plus de 11 millions d'ouvrages, c'est la deuxième bibliothèque publique du pays après celle du Congrès, à Washington. L'escalier, orné de deux lions en marbre, est un lieu de rencontre prisé des New-Yorkais.

★ **Grand Central Terminal (E B4)**
→ *E 42nd St / Park Ave.*
Sa construction, achevée en 1913, amena le train au cœur de Manhattan. Sculptures monumentales en façade, dominées par une horloge de 4 m de diamètre ! Le gigantisme de ce vaisseau de style Beaux-Arts est saisissant, tout comme la foule des 500 000 voyageurs qui le traversent chaque jour ! Son grand hall de marbre (114 m de long, 3[…] de large) prend toute so[…] ampleur le soir venu, lors[…] s'illumine la voûte célest[…] "inversée" du peintre français Paul Helleu.

★ **Chrysler Building (E B4)**
→ *405 Lexington Ave. / E 42[…]*
Lobby ouvert aux heures de bureau
Sa flèche en acier en a fait l'un des symboles de New York ! Construit p[…] l'architecte William Van A[…] à la demande de Walter Chrysler, magnat de l'automobile, ce gratte-ci[…] Art déco flamboyant (19[…] exprime le luxe et la précision mécanique

MUSEUM OF MODERN ART / MOMA

CARNEGIE HALL

és par Raymond Hood,
de file de l'Art déco.
efeller Plaza (D F2)
de Rockefeller Center,
célèbre place, occupée
n grand café l'été, est
formée en patinoire
r et accueille chaque
c. un sapin de Noël
de 40 m ! Au centre,
ifique statue de
éthée par Paul
hip (1934).
City Music Hall
)
o 6th Ave. / W 50th St
2 247 4777
uré en 1932 en
nce de Charlie Chaplin,
Gable et Arturo
nini, le Radio City

Music Hall est avec ses quelque 6 000 places une scène new-yorkaise mythique. L'intérieur de l'édifice est un chef-d'œuvre d'architecture Art déco.

★ Top of the Rock (D E2)
→ *Accès principal : 50th St (entre 5th et 6th Ave.)*
Tél. 212 698 2000 Tlj. 8h-0h
Du sommet du General Electric Building (1933), un merveilleux panorama sur la ville, l'Empire State Building et Central Park. *Lobby* aux fresques impressionnantes.

★ The Paley Center for Media (D E2)
→ *25 W 52nd St / 6th Ave.*
Tél. 212 621 6800
Mer.-dim. 12h-18h (20h jeu.)
Parmi les 75 000 programmes consultables sur les 30 ordinateurs de ce musée "numérisé", le premier épisode du *Cosby Show*, les débuts d'Elvis Presley et bien d'autres trésors de la radio et de la télévision américaines depuis 1946.

★ Museum of Modern Art / MoMA (D F1)
→ *11 W 53rd St / 6th Ave.*
Tél. 212 708 9400
Tlj. 10h30-17h30 (20h ven.)
Le MoMA abrite dans ses espaces lumineux la collection permanente d'art moderne et contemporain la plus riche au monde ! Postimpressionnisme, fauvisme, cubisme, surréalisme, le musée présente un panorama complet dans des domaines aussi éclectiques que la peinture, la vidéo, le design ou la photographie.

★ Carnegie Hall (D E1)
→ *881 7th Ave. / 154 W 57th St*
Tél. 212 903 9765
***Visites guidées** Oct.-juin : lun.-ven. 11h30, 12h30, 14h, 15h ; sam. 11h30, 12h30 ; dim. 12h30*
Tchaïkovski inaugura en personne, en 1891, cette doyenne des salles de concert new-yorkaises. La qualité de son acoustique a séduit les plus grands (Caruso, Toscanini, Karajan, les Beatles, Bill Haley, etc.).

ES SQUARE

MADAME TUSSAUDS

À to rockefeller
mega : Nintendo World p219
des routes

our le TOP OF THE ROCK
t sa vue à couper
souffle (notam-
t sur l'Empire
, justement !)
30, Rockefeller Plaza)

2 Pique-nique dans BRYANT PARK où des livres sont mis à disposition

3 Aller au PARKER MERIDIEN, 119, W 56th St. (oui oui, l'hôtel). Et là, deux vraies institutions :

le meilleur (et le + copieux) brunch du monde, au NORMA'S

Caché dans un coin du hall, une petite enseigne en néons indique l'entrée du BURGER JOINT

our les
de séries,
faut pas rater
utique de la chaîne
HBO au 1100
nue of the Americas

(exemple ↑ le french toast)

Mini fast food pas cher et DÉLICIEUX.

le café permet de goûter à moindre coût à la cuisine d'Abram Bissell (cabillaud en croûte de chorizo, caille rôtie "en terre glaise"...). Plat 16-35$ (café) ; menu midi 62-76$, soir 108-155$ (restaurant).

CAFÉ, THÉÂTRES, CONCERTS

Dean & DeLuca Cafe (D F2)
→ *1 Rockefeller Plaza*
Tél. 212 664 1372
Lun.-ven. 7h-19h, w.-e. 8h-17h
L'une des antennes du célèbre café-traiteur, près de l'animation de Rockefeller Center : une enclave de calme pour un *espresso* italien, une pâtisserie ou un snack.

Théâtres de Broadway (D D1-D3)
→ *Broadway / W 42nd St / W 53rd St Tél. 212 541 8457*
www.broadway.com
Cats, *Les Misérables*... toutes les plus grandes comédies musicales sont passées par Broadway. Régulièrement à l'affiche : *Chicago*, *Wicked*, *The Phantom of the Opera*, etc.

TKTS Broadway (D E2)
→ *Duffy Square, 226 W 47th St*
Mer.-lun. 15h-20h (19h dim.), mar. 14h-20h ***Matinées*** *Mer., sam. 10h-14h ; dim. 11h-15h*
www.tdf.org
Billets à prix réduits le jour du spectacle.

The Iridium (D D2)
→ *1650 Broadway / 51st St*
Tél. 212 582 2121
Concerts *20h30, 22h30*
theiridium.com
L'un des grands clubs de jazz de la ville, patronné en son temps par Les Paul. Programmation de haute volée. Snacks à petits prix.

SHOPPING

Macy's (D E4)
→ *151 W 34th St / Broadway*
Tél. 212 695 4400
Lun.-sam. 9h (10h sam.)-21h30, dim. 11h-20h30
100 000 m² et 35 000 visiteurs par jour : Macy's revendique le titre de plus grand magasin du monde ! Tous les rayons habituels, en de plus grandes proportions. Soldes très avantageux.

B&H (D D4)
→ *420 9th Ave. / W 34th St*
Tél. 800 947 9910 Lun.-ven. 9h-19h (13h ven.), dim. 10h-18h
Le plus vaste magasin de produits audiovisuels de New York : matériel photo, vidéo et informatique à des prix très intéressants.

Midtown Comics (D E3)
→ *200 W 40th St / 7th Ave.*
Tél. 212 302 8192 Lun.-sam. 8h-0h, dim. 12h-20h
Un magasin entièrement dédié aux BD, ou *comics*. Grand choix d'albums et de produits dérivés (tee-shirts, déguisements, statuettes, vidéos) à l'effigie des super-héros.

Anthropologie (D F2)
→ *50 Rockefeller Plaza*
Tél. 212 246 0386
Tlj. 10h-21h (20h dim.)
La marque "hippie chic" chérie des New-Yorkaises : vêtements fluides et colorés, d'inspiration ethnique. Et bougies parfumées, plaids, etc.

MoMA Design Store (D F1)
→ *44 W 53rd St*
Tél. 212 767 1050
Tlj. 9h30-18h30 (21h ven.)
Face au MoMA : jeux, gadgets, lithographies et rééditions de design des années 1940 à 1970, des meubles d'Eames aux luminaires de Noguchi.

Au cœur du quartier des théâtres, Times Square attire des millions de flâneurs. Avec ses enseignes au néon, le vacarme des taxis et le ballet des vendeurs à la sauvette… le spectacle est aussi dans la rue ! Plus au nord, véritable ville dans la ville, Rockefeller Center est une extraordinaire vitrine de l'Art déco, qui culmine au General Electric Building. De son sommet (Top of the Rock), on embrasse toute la Grosse Pomme. À deux pas, autre panorama, celui qu'offre le MoMA sur la création artistique aux XXe et XXIe s.

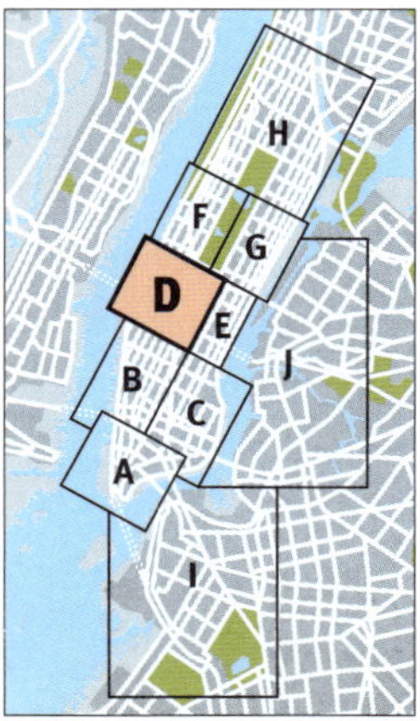

RESTAURANTS

Gazala Place (D C2)
→ *709 9th Ave. / W 49th St*
Tél. 212 245 0709 Tlj. 11h-22h30
Spécialités druzes venues d'Israël, dans un minuscule restaurant où tout est fait aux yeux de tous. Kébabs, chaussons feuilletés ou pâtisseries aux pistaches. Plat 6-19$.

Mandoo Bar (D F4)
→ *2 W 32nd St / 5th Ave.*
Tél. 212 279 3075 Tlj. 11h30-22h
Pour découvrir les *mandoos*, petits beignets coréens fabriqués à la demande. Délicieux *bibimbap*, un plat de riz garni d'ingrédients variés. Plat 10-15$.

Taam-Tov (D E2)
→ *41 W 47th St / 6th Ave.*
Tél. 212 768 8001
Lun.-ven. 11h-21h (15h ven.)
Toute la cuisine familiale juive d'Ouzbékistan au cœur du quartier des diamantaires. Décor de cantine kitsch et portions énormes. Plat 11-24$.

Keens Steakhouse (D E4)
→ *72 W 36th St / 6th Ave.*
Tél. 212 947 3636
Lun.-ven. 11h45-22h30, w.-e. 17h-22h30 (21h30 dim.)
L'un des restaurants de viande les plus réputés de New York, fondé en 1885. *T-Bone steak*, *mutton chop*… Un vrai rêve de carnivore, dans une magnifique salle lambrissée. Plat 26-58$.

The Modern (D F1)
→ *9 W 53rd St / 5th Ave.*
Tél. 212 333 1220
Lun.-ven. 12h-14h, 17h-22h30 ; sam. 17h-22h30 ***Café*** *Tlj. 11h30-22h30 (21h30 dim.)*
La verrière de cette élégante table ouvre sur le jardin de sculptures du MoMA. Plus animé,

GENERAL POST OFFICE

BRYANT PARK

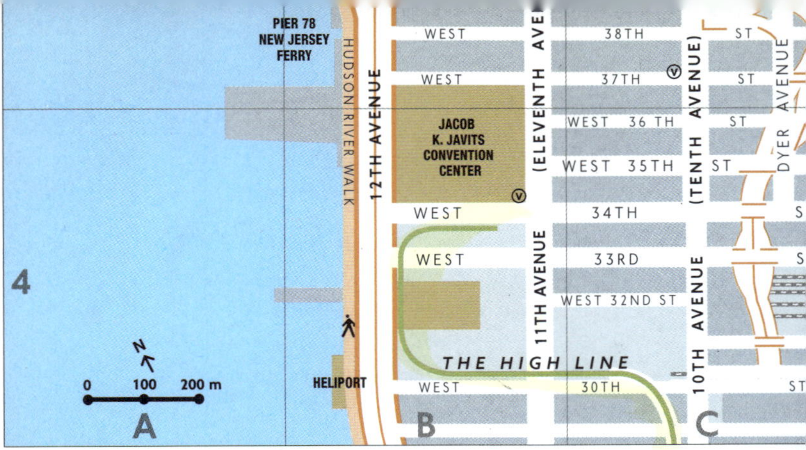

INTREPID SEA, AIR AND SPACE MUSEUM

ROCKEFELLER CENTER

TOP OF THE ROCK

★ General Post Office (D D4)
→ 441 8th Ave. / W 32nd St
Tél. 800 275 8777 Lun.-ven. 7h-22h, sam. 9h-21h, dim. 11h-19h
La plus vaste poste du pays, installée dans un colossal bâtiment aux allures de temple néoclassique (1912), porte sur sa façade une citation d'Hérodote : "Ni la neige ni la pluie ni la chaleur ni les ténèbres de la nuit n'empêchent ces prompts messagers de remplir leur mission avec toute la célérité possible." Des inscriptions célèbrent les créateurs du service postal public, dont Louis XI et Richelieu. Pénétrer dans le vaste hall pour mesurer le gigantisme du lieu.

★ Bryant Park (D E3)
→ 6th Ave. / W 42nd St
L'unique parc de Midtown offre un agréable coin de verdure, pourvu de bancs, de chaises et de tables, idéal pour une pause bucolique. Côté sud, la façade noir et or de l'American Radiator Building (1924). En hiver, patinoire.

★ Times Square (D E3)
Bordé par d'immenses panneaux publicitaires lumineux, le carrefour de Times Square voit défiler tout New York. Ce centre névralgique du quartier des théâtres mérite une visite nocturne, quand la forêt de néons et d'écrans s'illumine. Sur l'un d'eux, on peut même suivre à la seconde l'état de la dette américaine !

★ Madame Tussauds (D D3)
→ 234 W 42nd St / 7th Ave.
Tél. 212 512 9600
Tlj. 10h-20h (22h ven.-sam.)
Les mannequins de cire de Madame Tussauds rendent hommage à une pléiade de célébrités, de Gandhi à Barack Obama en passant par George Clooney. On peut aussi frissonner d'horreur dans la House of Wax !

★ Intrepid Sea, Air and Space Museum (D B2)
→ Pier 86, 12th Ave. / 46th St
Tél. 212 245 0072
Nov.-mars : tlj. 10h-17h ; avr.-oct. : tlj. 10h-17h (18h w
Ce musée installé à bord du porte-avions *Intrepid* rassemble avions de chasse, hélicoptères, capsules et navette spatiales, ainsi qu'un sous-marin.

★ Rockefeller Center (D E2)
L'un des premiers centre commerciaux du monde Autour de Rockefeller Pla s'agencent pas moins d 19 bâtiments, financés p John D. Rockefeller Jr (18 1960), héritier et succes du magnat du pétrole Jo Davison Rockefeller, et

SAINT MARK'S PLACE

COOPER UNION

p121 du restaurant

…int Patrick's Old …edral (C A5)
…3 Mott St / Prince St
…12 226 8075
…-18h (20h dim.)
…yenne des églises …liques de la ville, où …ssistera à une messe …pagnol ou en chinois. …315 à 1878, elle servit …thédrale, jusqu'à …nstruction de Saint …k's sur Fifth Avenue …). Son austère façade … un intérieur …othique.

…erchant's House …eum (C A4)
… E 4th St Tél. 212 777 1089
…un. 12h-17h
***…s guidées** Jeu.-lun. 14h*

Habitée en 1835 par la famille du riche commerçant Seabury Tredwell, cette *row house* de style *Greek Revival* a été convertie en musée en 1936. Le mobilier d'origine et les pièces conservées à l'identique constituent une passionnante évocation de la vie des *merchants* new-yorkais du XIXᵉ s.

★ International Center of Photography (C A4)
→ 250 Bowery Tél. 212 857 0000
Mar.-dim. 10h-18h (20h ven.)
Son musée, parmi les plus complets au monde, possède 100 000 clichés présentés lors d'expositions thématiques et de rétrospectives, faisant la part belle tant à la création contemporaine qu'à l'œuvre des précurseurs.

★ Saint Mark's Place (C B3)
Tompkins Square, qui accueillit les sit-in rebelles des années 1960, marque le départ de cette longue rue bordée d'arbres et de grandes maisons en brique. Ses restaurants et boutiques baba cool en font l'axe principal d'East Village. Au croisement de 2nd Ave. et de 10th St, se dresse St Mark's Church-in-the-Bowery, église de style néoclassique (1799). Là, s'élevait jadis une chapelle qui marquait les limites de la ferme (*bouwerij* en néerlandais) de Peter Stuyvesant, dernier gouverneur de La Nouvelle-Amsterdam (avant que les Anglais ne s'en emparent).

★ Cooper Union (C A3)
→ Cooper Square / Astor Place
Peter Cooper, millionnaire philanthrope, rêvait de créer une école des arts et techniques ouverte à tous, sans distinction de classe, de sexe ou de race. Elle a vu le jour en 1859 dans un superbe édifice de *brownstone* à ossature métallique dominant Astor Place. En 2009, une annexe futuriste, conçue par l'architecte Thom Mayne, a ouvert au 41 Cooper Square.

NEW MUSEUM
OF CONTEMPORARY ART

SAINT PATRICK'S
OLD CATHEDRAL

CAFÉS, GLACIER, BARS

The Smile (C A4)
→ *26 Bond St Tél. 646 329 5836*
Lun.-ven. 8h-23h,
w.-e. 10h-23h (22h dim.)
Un café cosy où l'on sert des plats sains à toute heure : salade de quinoa aux herbes, bœuf thaï mangue-coriandre, sandwich aux figues et à la feta...

Sugar Sweet Sunshine (C B5)
→ *126 Rivington St / Essex St*
Tél. 212 995 1960
Lun.-ven. 8h-22h (23h ven.),
w.-e. 10h-23h (19h dim.)
Jolis cupcakes aux couleurs tendres et délicieux cookies, muffins ou mini-cheese-cakes, à grignoter sur un coin de table récup'.

Il Laboratorio del Gelato (C B4)
→ *188 Ludlow St / E Houston St*
Tél. 212 343 9922
Lun.-ven. 7h30-22h (oh ven.),
w.-e. 10h-oh (22h dim.)
Des glaces artisanales excellentes, pas trop sucrées, aux parfums classiques ou inédits, qui varient au fil des saisons.

Apotheke (C B6)
→ *9 Doyers St*
Tél. 212 406 0400
Tlj. 18h30 (20h dim.)-2h
Clin d'œil aux pharmacies d'antan, ce bar de Chinatown s'est vite fait une place parmi les *cocktail bars*, avec ses préparations "thérapeutiques", "stimulantes" et "aphrodisiaques". À tester : le mojito au *kale* (chou frisé) !

Nuyorican Poets Cafe (C C4)
→ *236 E 3rd St / Ave. C*
Tél. 212 780 9386 Horaires variables www.nuyorican.org
Bastion du mouvement intellectuel portoricain Nuyorican dans les années 1970, cette institution bat toujours au rythme du slam (ven. 22h), du hip-hop, du jazz et de la salsa. Beaucoup d'ambiance !

SHOPPING

Manhattan Portage (C A4)
→ *258 Elizabeth St / Houston St Tél. 212 226 9655*
Tlj. 11h-19h (18h dim.)
Inusables besaces inspirées de celles des livreurs new-yorkais.

Dinosaur Designs (C A5)
→ *211 Elizabeth St / Prince St*
Tél. 212 680 3523 Lun.-sam. 11h-19h, dim. 12h-18h
Dessinés en Australie, de superbes objets de déco ou bijoux au design élégant et aux couleurs lumineuses.

Economy Candy (C B5)
→ *108 Rivington St / Ludlow St Tél. 212 254 1531*
Tlj. 9h (10h lun., sam.)-18h
Bonbons acidulés, barres chocolatées et autres irrésistibles friandises du sol au plafond ! Prix ultra-compétitifs.

Fabulous Fanny's (C B3)
→ *335 E 9th St / 1st Ave.*
Tél. 212 533 0637 Tlj. 12h-20h
Rondes, ovales, rectangles ou papillon : la centaine de montures vintage ravira les binoclards férus d'originalité !

Exit 9 (C B4)
→ *51 Ave. A / E 5th St*
Tél. 212 228 0145 Lun.-sam. 11h-19h30 (20h sam.), dim. 12h-19h
Vaste choix de cadeaux et gadgets pleins d'humour, signés par des créateurs locaux.

A-1 Records (C B3)
→ *439 E 6th St / Ave. A*
Tél. 212 473 2870 Tlj. 13h-21h
Pépites de jazz et de hip-hop, des milliers de vinyles d'occasion, dont quelques raretés.

Shopping
...ns surtout)

REED SPACE
(151, Orchard St.)

3 Samedi et dimanche, brunch (très très populaire) chez PRUNE (54 E 1st St.)

4 Vêtements, jouets, consoles, vidéos, la boutique vintage !

MR. THROWBACK est le temple des années 90 (428, E 9th St.)

Pour changer un peu, un hot dog de chez ASIA DOGS (66 Kenmare St) aux influences chinoises, vietnamiennes, japonaises...

6

Fourrés à la crème brûlée, au matcha, au carrot cake ou même carrés, des donuts frais du matin au DOUGHNUT PLANT (379, Grand St.)

C

Chinatown/NoLIta/Lower East Side/East Village

Avec les vagues successives d'immigrants, New York s'étend au-delà de Canal Street. Chinois, Italiens, Juifs d'Europe centrale, puis Indiens et Ukrainiens se regroupent dans leur propre quartier, soucieux de protéger leurs traditions. Chinatown, Little Italy, Lower East Side... il ne faut que quelques rues pour effectuer ce tour du monde ! Plus au nord, East Village, QG de la Beat Generation dans les années 1960, déploie ses bars et restaurants, jeunes et branchés, autour de Saint Mark's Place et Tompkins Square Park.

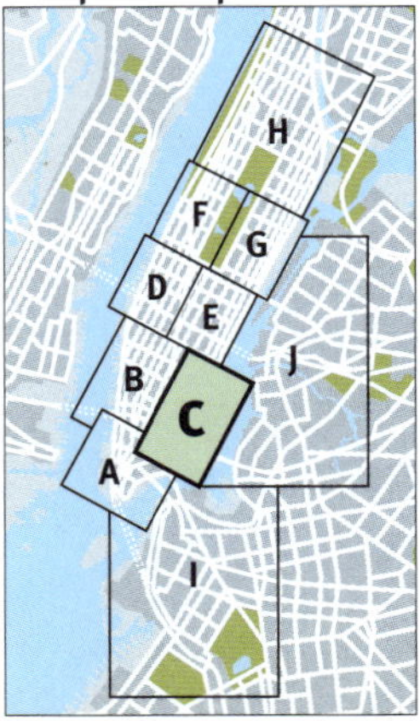

RESTAURANTS

Katz's Deli (C B4)
→ *205 E Houston St / Ludlow St Tél. 212 254 2246 Lun.-jeu. 8h-22h45 (2h45 jeu.), ven. 8h-dim. 22h45 sans interruption*
Apparus avec les immigrants juifs, les *delicatessen* sont un symbole de la gastronomie new-yorkaise. Fondé en 1888, Katz's Deli (décor de "la" scène de *Quand Harry rencontre Sally*) est le plus célèbre. Sandwichs au pastrami, assiettes de viande, etc. Plat 11-25$.

Café Gitane (C A5)
→ *242 Mott St / Prince St*
Tél. 212 334 9552
Tlj. 8h30-0h
(0h30 ven.-sam.)
Style bistrot et déco rétro pour une ambiance qui évolue au fil de la journée. Cuisine méditerranéenne et jolie terrasse, pour voir et être vu. Plat 12-16$.

Momofuku Noodle Bar (C B3)
→ *171 1st Ave. / E 11th St*
Tél. 212 777 7773
Tlj. 12h-23h (1h ven.-sam.)
Quand le chef star David Chang réinvente *ramen* (bouillon de nouilles japonaises) et autres recettes asiatiques, il attire des files de gourmands ! Mobilier de bois clair, tables de cantine, délicieux *pork buns*, et une carte qui change tous les jours selon le marché. Plat 12-22$.

Schiller's Liquor Bar (C C5)
→ *131 Rivington St / Norfolk St*
Tél. 212 260 4555
Lun.-sam. 11h-1h
(3h ven.-sam.), dim. 10h-0h
Plats et décor typiques d'une brasserie française, avec en plus l'incontournable burger. Bruyant, populaire, et un bar très animé. Plat 15-25$.

1 Tous les bars du quartier d'Alphabet City valent le détour, mais THE WAYLAND avec son ambiance bayou, son vieux piano, ses cocktails épicés (dont le "I hear banjos!" est incontournable. (700 E 9th St.)

2

MUSEUM OF CHINESE IN AMERICA

CHINATOWN

THE MUSEUM AT ELDRIDGE ST

LOWER EAST SIDE TENEMENT MUSEUM

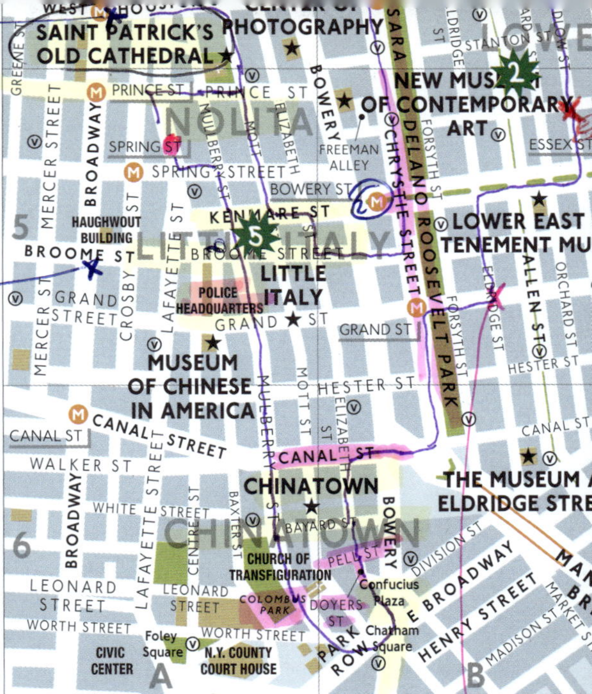

★ **Chinatown (C A6)**
→ *Mott St / Confucius Plaza / Bowery / Division St*
Autour de Mott St, toits en pagode, temples bouddhiques, restaurants, échoppes aux enseignes chinoises, et une agitation toujours débordante... Les premiers arrivants chinois colonisèrent les lieux au milieu du XIXᵉ s. Aujourd'hui, la communauté compte plus de 200 000 personnes. Sur Confucius Plaza, la statue du philosophe veille sur le quartier.

★ **Museum of Chinese in America (C A5)**
→ *215 Centre St / Grand St*
Tél. 212 619 4785
Mar.-dim. 11h-18h (21h jeu.)
Objets, documents sonores et photos retracent l'histoire de l'immigration chinoise à Manhattan.

★ **Little Italy (C A5)**
Direction Mulberry St, centre névralgique de l'ancien fief de la communauté italienne new-yorkaise au XXᵉ s. Trattorias, pizzerias et quelques épiceries sont tout ce qu'il en reste. Touristique !

★ **The Museum at Eldridge Street (C B6)**
→ *12 Eldridge St*
Tél. 212 219 0302
Dim.-ven. 10h-17h (15h ven.)
***Visites guidées** Ttes les heures*
Édifiée en 1887, voici la première synagogue bâtie en Amérique par des immigrants ashkénazes. L'intérieur, délicat, s'orne de balcons de bois sculpté, de 67 vitraux et de magnifiques lustres de laiton.

★ **Lower East Side Tenement Museum (C B5)**
→ *103 Orchard St*
Tél. 212 982 8420
Visites guidées uniquement
Tlj. 10h-17h (19h jeu.)
Un musée installé dans des *tenements*, immeubles de logements à bas loyer, où s'entassaient jadis les familles d'immigrants dans des conditions d'hygiène déplorables. Visites thématiques pour revivre le destin d'un cou irlandais en 1869, d'une famille italienne durant la Grande Dépression, d'un adolescente séfarade en 1916...

★ **New Museum of Contemporary Art (C**
→ *235 Bowery Tél. 212 219*
Mer.-dim. 11h-18h (21h jeu.
Ce musée d'art contemporain, fondé en 1977, s'est offert pour ses 30 ans le coup de crayon architectes japonais Seji et Nishizawa. Et un écrin splendide : une tour de polyèdres empilés, revêt d'un zinc étincelant. Expositions conceptuelle d'avant-garde.

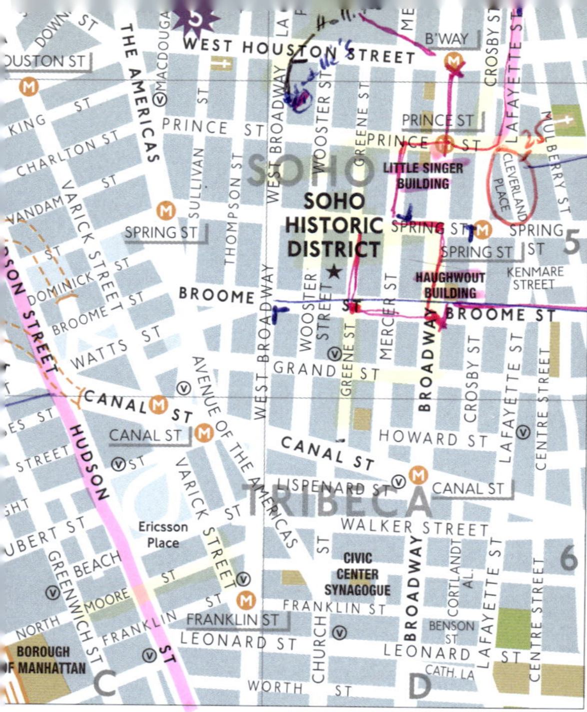

MADISON SQUARE PARK

THE MUSEUM AT FIT

Plan A

ai, oct.-nov. : tlj. 7h-22h ;
p. : tlj. 7h-23h
é le long d'une
ıne voie ferrée qui
e Meatpacking District
St (**D** C4), ce jardin
ndu se coule entre les
ubles. Depuis 2009,
une des balades
ées des New-Yorkais,
vues sur l'Hudson,
ecture contemporaine,
tions diverses et
ations d'artistes.

shman Row (B A2)
-418 W 20th St
s plus beaux
ıbles de *row houses*,
e *Greek Revival*.
cades 1840 (corniche,
e rythmé de petites
fenêtres décorées de guirlandes de laurier...) caractérisent cet alignement (*row*) de jolies maisons de briques rouges.

★ Gallery District (B A1)
→ *Entre 21st St et 29th St, et 10th Ave. et 11th Ave.*
Sep.-juin : mar.-sam. 11h-18h
***Vernissages** Jeu. soir*
Pour découvrir les tendances de l'art, 350 galeries (*Gallery Guide* à disposition) réunies dans ces anciens entrepôts près de l'Hudson. Grands noms chez Gagosian, photo chez Metro Pictures...

★ Flatiron Building (B D1)
→ *175 5th Ave.*
Cet immeuble, construit en 1902 pour abriter la Fuller Construction Company, ouvre l'ère des gratte-ciel new-yorkais. Son nom tient à l'étonnante forme triangulaire dite "en fer à repasser", alignée sur l'angle aigu du carrefour de Broadway. Une prouesse architecturale qui continue d'intriguer les passants. Un parement de calcaire et de terre cuite ornée de motifs Renaissance recouvre sa structure en acier. Jusqu'en 1909, il fut l'édifice le plus haut du monde (91 m) !

★ Madison Square Park (B D1)
→ *23rd St / 5th Ave. Tlj. 6h-0h*
Un joli parc très vert, paradis des écureuils et rendez-vous des toutous bichonnés. Belle perspective sur l'Empire State Building au nord et le Flatiron au sud. Les gourmands s'arrêtent au kiosque Shake Shack pour ses burgers réputés.

★ The Museum at FIT (B B1)
→ *7th Ave. / 27th St*
Tél. 212 217 4558
Mar.-ven. 12h-20h, sam. 10h-17h
Rattaché au prestigieux Fashion Institute of Technology, où Calvin Klein fut élève, ce musée présente des expositions temporaires d'excellente qualité, autour des différents courants créatifs de la mode ou de ses figures de proue.

Magnolia Bakery p 134 du routard
Barburger : p 131 du routard

THE HIGH LINE

CUSHMAN ROW

▶ Plan E

▼ Plan C

vec un niveau
anglais à peu
rès correct, on
ant une soirée
émarrer les
(117, McDougal St.)

de
choses
a peau
heveux
les
orkais
GOETZ
77, 7th ave.)

vin, la star du
, vous
jus
es en
du
chez

N'S
BOX
, West Houston St.)

iscine,
s, crêpes
utella,
ouse et
incroyable
le toit du
NDARD
, Washington st.)

RESTAURANTS

Corner Bistro (B B3)
→ *331 W 4th St / Jane St*
Tél. 212 242 9502
Tlj. 12h-4h
Au cœur de Greenwich Village, le pionnier du burger a ses fidèles : viande juteuse et bien grillée, et une vraie atmosphère de pub à l'ancienne ! Burger 8-10$.

Eataly (B C1)
→ *200 5th Ave. / W 24th St*
Tél. 212 229 2560
Tlj. 10h-23h
Sous le drapeau italien, une seule adresse pour une multitude de stands. Dans ce très populaire *food concept* signé du chef Mario Batali, qui a essaimé en Italie, on mord dans une pizza comme à Naples, on trempe des *biscotti* dans son *ristretto* comme à Rome et on fait ses emplettes comme à Milan !

Pearl Oyster Bar (B C4)
→ *18 Cornelia St*
Tél. 212 691 8211
Lun.-ven. 12h-14h30, 18h-23h ; sam. 18h-23h
On plonge avec délectation dans cette courte ardoise de fruits de mer où le *lobster roll*, pain au lait fourré au homard et à la mayonnaise, côtoie le demi-homard grillé. À déguster dans la petite salle romantique ou au comptoir ! Plat 14-25$.

Miss Lily's (B C4)
→ *130-132 W Houston St / Sullivan St Tél. 646 588 5375*
Tlj. 11h-2h (23h30 dim.)
Deux salles tout en couleur, un style *seventies* décomplexé, des musiques chaloupées et beaucoup de bonne humeur, pour une cuisine jamaïcaine fraîche et parfumée. Plat 15-32$.

Cookshop (B A2)
→ *156 10th Ave. / W 20th St*
Tél. 212 924 4440
Tlj. 8h (10h w.-e.)-16h, 17h30-23h30
La tradition américaine revisitée de façon légère et inventive, à partir d'ingrédients renouvelés selon les saisons et les arrivages. Tables en terrasse. Plat 20-38$.

CAFÉS, CONCERTS

Buvette (B B4)
→ *42 Grove St / Bleecker St*
Tél. 212 255 3590
Tlj. 8h (9h w.-e.)-2h
Avec ses madeleines, ses croque-monsieur, ses tartines et sa carte des vins, ce café new-yorkais à la mode parisienne séduit la bohème du "Village" ! Aux beaux jours, celle-ci se serre sur la mini-terrasse au fond de la cour.

Magnolia Bakery (B B3)
→ *401 Bleecker St / W 11th St*
Tél. 212 462 2572
Tlj. 9h-23h30 (0h30 ven.-sam.)
Couleurs tendres et décor vintage pour des pâtisseries honteusement riches. Les cupcakes ont fait sa réputation, mais les gâteaux ne sont pas mal du tout. Le must des fashionistas !

The Village Vanguard (B C3)
→ *178 7th Ave. South / W 11th St Tél. 212 255 4037*
***Concerts** Tlj. 20h30, 22h30*
www.villagevanguard.com
Depuis 1935, cette institution du jazz a accueilli les plus grands (John Coltrane, Sonny Rollins...), et continue d'attirer des pointures autant qu'un public de connaisseurs.

Blue Note (B C4)
→ *131 W 3rd St / MacDougal St*
***Concerts** Dim.-jeu. 20h, 22h30 ; ven.-sam. 20h, 22h30, 0h30*
www.bluenote.net
Un autre lieu mythique de la scène jazz new-yorkaise, où les meilleurs se produisent toujours.

SHOPPING

Opening Ceremony (B D6)
→ *35 Howard St*
Tél. 212 219 2688 Lun.-sam. 11h-20h, dim. 12h-19h
Un concept-store aux collections et marques ultra ciblées : le révélateur de tendances new-yorkais !

Marc Jacobs (B B3)
→ *385 Bleecker St / Perry St*
Tél. 212 924 6126 Tlj. 12h-20h
La boutique "beauté" de l'enfant terrible de la mode : maquillage, quelques accessoires... Magasins hommes et femmes tout près, aux nos 382 et 403.

Chelsea Market (B B2)
→ *75 9th Ave. / W 16th St*
Lun.-sam. 7h-21h, dim. 8h-20h
Une fabrique de biscuits (les fameux Oreo) de 1890, convertie en marché bobo : poissonnier avec chef japonais pour des sushis à la demande, bar à soupes, traiteur italien... Mais aussi boutiques de mode (Anthropologie) ou de souvenirs, et librairie.

Union Square Greenmarket (B D2)
→ *Union Square*
Tél. 212 788 7476
Lun., mer., ven.-sam. 8h-18h
Un grand marché bio au cœur de la Grosse Pomme. Fermiers locaux et petits producteurs y fournissent les meilleurs chefs.

B

SoHo / Greenwich Village / Meatpacking / Chelsea

Le long de l'Hudson, SoHo, Greenwich Village et Chelsea sont devenus, dans les années 1950, la coqueluche des artistes et des intellectuels. SoHo aligne showrooms et restaurants au pied de ses façades en fonte (XIXe s.). Autour de Washington Square, "The Village", un peu embourgeoisé, abrite une importante communauté gay. Quant au Meatpacking District, il a converti ses abattoirs en bars et boutiques de stylistes. À Chelsea, les galeries d'art contemporain constituent la fine fleur du marché de l'art new-yorkais.

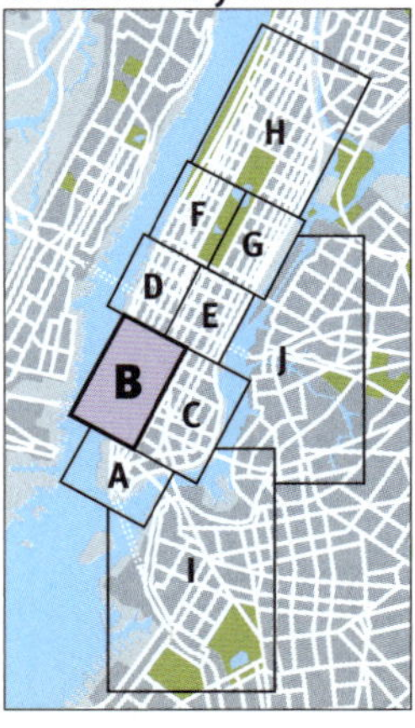

COMEDY CELLA

1 est sûr de pleurer de rire, e
au COMEDY CELLAR, le club qu
plus grands humoristes am

2 Pour l'apéro, des tapas basques avec des noms à vous faire gagner au Scrabble chez TXIKITO (240, 9th ave.)

4 Affiches, publications, lectures, événements, PRINTED MATTER c'est beaucoup plus qu'une librairie d'art. (195, 10th ave.)

6 Un peu cher, mais ça vaut VRAIMENT le coup d'aller chez le chef Masaharu MORIMOTO (88, 10th Ave.)

SOHO HISTORIC DISTRICT

CENTER FOR ARCHITECTURE

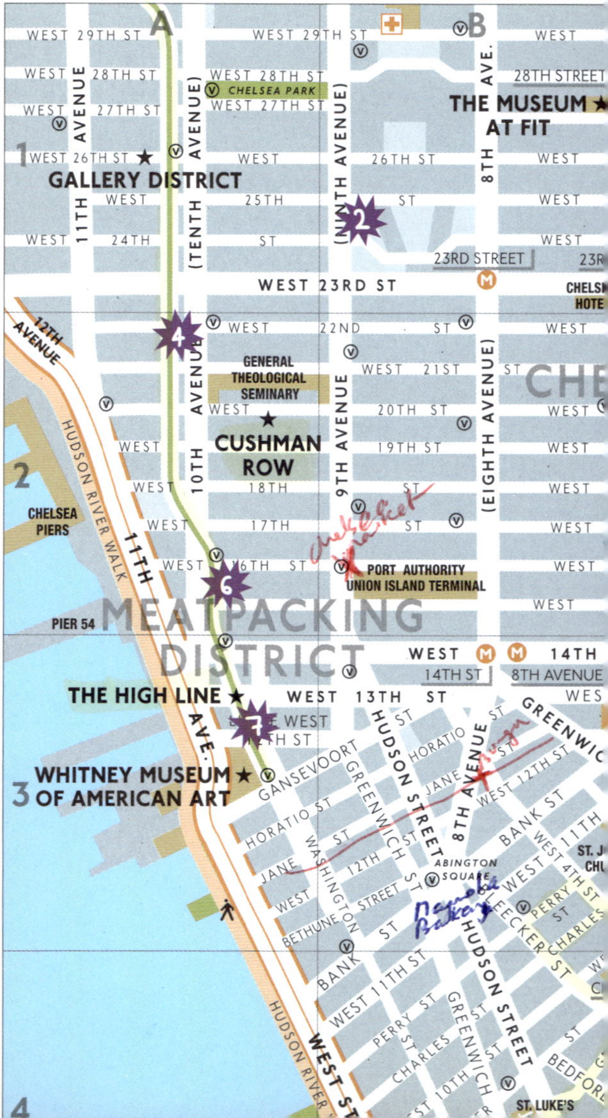

RUBIN MUSEUM OF ART

WHITNEY MUSEUM

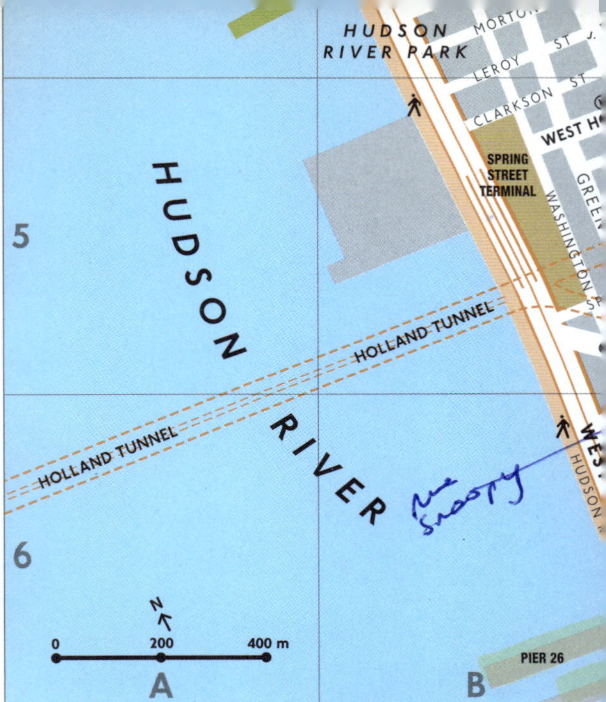

- parcours Soho p 122 du rou…

★ **SoHo Historic District (B** D5)

→ *Entre Canal St et W Houston St, de W Broadway à Lafayette St*

Sur une vingtaine de *blocks*, une belle concentration d'immeubles à façade de fonte du XIXᵉ s., notamment sur Greene St (nᵒˢ 28-30 et 72-76) et Prince St (angle de Broadway), ainsi que le long de Broadway (angle de Broome St). Colonnades à l'italienne, corniches victoriennes ou profusion de fenêtres de style Beaux-Arts alignent des profils très éclectiques.

★ **Center for Architecture (B** D4)

→ *536 LaGuardia Place Tél. 212 683 0023 Lun.-ven. 9h-20h, sam. 11h-17h*

Andrew Berman a conçu ce bâtiment (2003) aux vastes volumes inondés de lumière, à la mesure de l'American Institute of Architects. Expositions temporaires sur l'urbanisme des mégalopoles et sur les futurs projets de la ville de New York.

★ **Washington Square (B** C4)

Ce parc est l'un des lieux de rendez-vous favoris de la bohème new-yorkaise, très joyeux, avec ses joueurs d'échecs, ses artistes de rue et ses étudiants. Le Washington Centennial Memorial Arch célébra, en 1892, le centenaire de l'investiture de George Washington. Le long de Washington Square North, quelques demeures d'architecture *Greek Revival*. Le peintre Edward Hopper (1882-1967) et l'écrivain John Dos Passos (1896-1970) habitèrent aux nᵒˢ 3 et 61.

★ **Rubin Museum of Art (B** C2)

→ *150 W 17th St Tél. 212 620 5000 Mer.-lun. 11h-17h (21h mer. ; 22h ven. ; 18h w.-e.)*

Né de la passion des Rubin pour les arts du Tibet et de l'Himalaya, ce musée occupe l'ancien grand magasin Barneys (escalier en marbre d'Andrée Putman). Peintures, sculptures, étoffes et objets du IIᵉ au XIXᵉ s.

★ **Whitney Museum of American Art (B** A3)

→ *Gansevoort St / Washington St Tél. 212 570 3600 Mer.-jeu., w.-e. 11h-18h ; ven. 13h-21h*

Un passionnant musée fondé par la sculptrice et milliardaire Gertrude Vanderbilt Whitney (1875-1942). Installé dans un bâtiment de Renzo Piano depuis 2015, il cristallise les différents mouvements artistiques américains de l'ère moderne : peinture, sculpture, dessin et vidéo.

★ **The High Line (B** A3)

→ *Entre Gansevoort St et W 34…*

Déc.-mars : tlj. 7h-19h ;

Chelsea Market p 175 du …

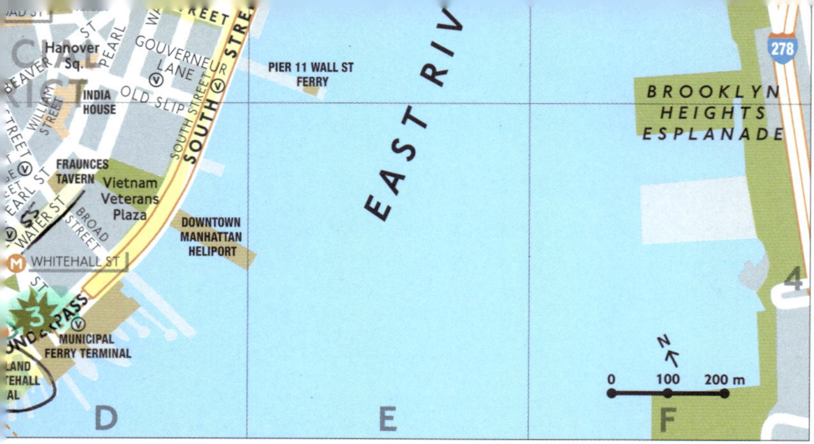

WOOLWORTH BUILDING

SOUTH STREET SEAPORT

ısactions des *traders*. :arrefour, sur Wall St, eral Hall accueillit remier gouvernement de l'Indépendance.

rinity Church (A C3)
4 Trinity Place Dim.-ven. 7h-(16h dim.), sam. 8h-16h
c sa flèche de 86 m, anctuaire de style *nic Revival* fut un temps us haut monument de lle, au point de servir ner aux navires. mbre des chênes imetière reposent des sonnalités marquantes Amérique coloniale.

round Zero (A C3)
hurch / Vesey / West / ty Sts Tlj. 7h30-21h
Le vaste site détruit lors des attentats du 11 sep. 2001 voit désormais s'élever la tour One World Trade Center (1WTC), dont la flèche de verre culmine à 541 m (observatoire au 100e étage !). À son pied, *Reflecting Absence* immortalise par deux bassins les empreintes des tours jumelles, dont le pourtour est gravé de la poignante liste des noms des victimes. Au nord, la rutilante PATH Station (métros à destination du New Jersey), signée Santiago Calatrava.

9/11 Memorial Museum
→ *Tél. 212 266 5211 Tlj. 9h-20h*
Le musée du Mémorial du 11 Septembre, inauguré tout juste 13 ans après les événements : au 7e sous-sol, les salles se succèdent comme dans un labyrinthe. Photos, débris et objets ayant appartenu aux victimes : bouleversant.

★ Woolworth Building (A C2)
→ *233 Broadway / Barclay St*
Frank Woolworth rêvait pour sa société d'un bâtiment à la hauteur de son empire. En 1913, on inaugurait en grande pompe l'immeuble le plus haut de New York : une gigantesque cathédrale néogothique de 60 étages s'élevant à 241 m. Dans le *lobby*, fresques et mosaïques exaltent les vertus du travail.

★ South Street Seaport (A E3)
Siège du grand port de la ville au XIXe s., ce quartier conserve de vieux immeubles en brique et des rues pavées de caractère. Ses quais maintenant affectés aux loisirs égrènent restaurants, cafés et boutiques.

South Street Seaport Museum
→ *12 Fulton St et entre les Piers 16 et 17 Tél. 212 748 8725 Mer.-dim. 11h-17h*
Plusieurs vieux navires à visiter et des expositions sur le passé maritime de New York.

NATIONAL MUSEUM OF THE AMERICAN INDIAN

MUSEUM OF JEWISH HERITAGE

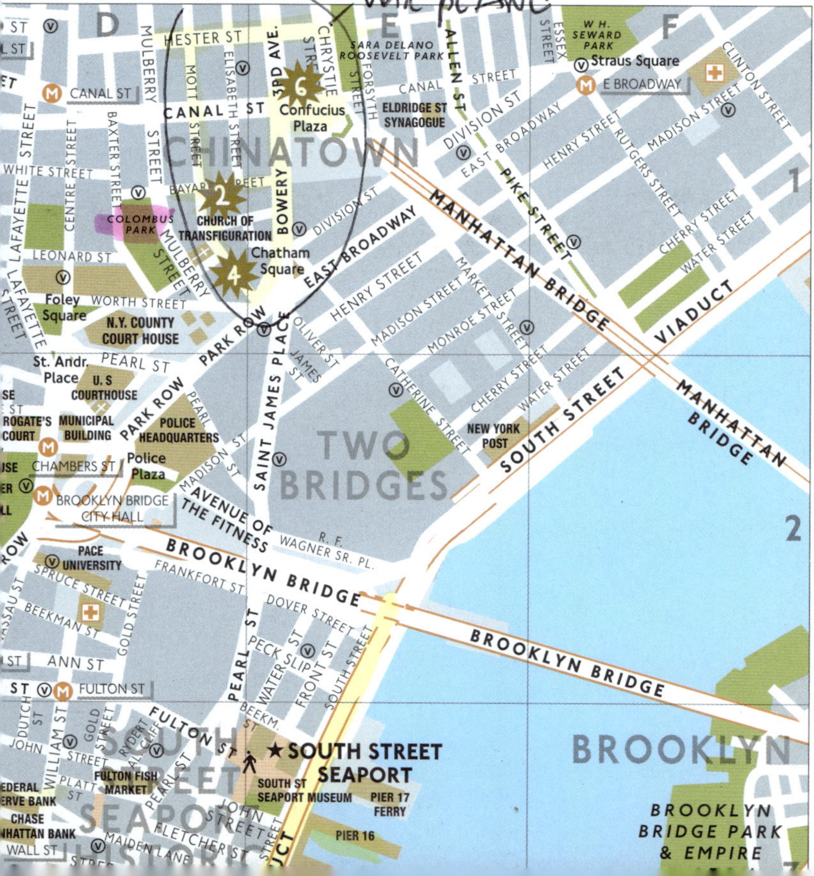

la liste d'alcools ! Piano jazz le lundi soir, choix de cigares à fumer en terrasse.

SHOPPING

Century 21 (A C3)
→ *22 Cortlandt St*
Tél. 212 227 9092
Lun.-ven. 7h45-21h (21h30 jeu.-ven.), sam. 10h-21h, dim. 11h-20h
Le supermarché des marques : Ralph Lauren, Calvin Klein, Marc Jacobs, Tommy Hilfiger et bien d'autres sont ici soldées de 40 à 70 %. Mais il faut fouiller !

Nili Lotan (A B2)
→ *188 Duane St*
Tél. 212 219 8794
Tlj. 12h-19h (18h dim.)
Tout le chic minimaliste des New-Yorkaises en vogue, dans une boutique-galerie. Un choix relativement restreint, mais de très belles matières et des coupes irréprochables.

Philip Williams Posters (A C2)
→ *122 Chambers St / Church St Tél. 212 513 0313*
Lun.-sam. 11h-19h
Rendez-vous des passionnés et collectionneurs d'affiches anciennes, de cinéma ou de voyage, et de réclames gentiment nostalgiques.

Korin (A C2)
→ *57 Warren St / W Broadway*
Tél. 212 587 7021
Tlj. 10h-19h (18h w.-e.)
Pour les amoureux de l'ustensile parfait ! Chefs et cuisiniers amateurs viennent de loin y dégoter le couteau japonais adapté : lame *takobiki* pour le poulpe, *usuba* pour les légumes...

1 la VRAIE caserne des GHOSTBUSTERS est au coin de Moore et Varick St (photo obligatoire)

2 Glace au pandan (herbe de Malaisie), sésame noir et haricot rouge (garni au Mochi) à la CHINATOWN ICE CREAM FACTORY (65, Bayard St.)

3 le plus beau coucher de soleil de Manhattan pendant 25 minutes (et en plus on peut boire) à bord du STATEN ISLAND FERRY (4, South Street)

4 Les meilleurs ramens sont chez AJISEN (14, Mott St.)

5 Un café, un cocktail ou un brunch, dans un bar joli comme une maison de poupées, TINY'S au 135 West Broadway

6 Pour 1 $, découvrir son destin sur un rouleau du temple MAHAYANA (133, Canal St.)

7 Vos amis ne vous pardonneront jamais de ne pas leur avoir rapporté de couronne de Statue de la Liberté

A

Downtown / TriBeCa

Downtown, temple du commerce et de la finance, vit au rythme frénétique de son symbole, Wall Street. À South Street Seaport, le port originel de New York aligne agréables cafés et boutiques, aux côtés de vieux gréements. De la pointe sud se détache l'emblème de New York : *La Liberté éclairant le monde*. Elle se profile dans l'axe de la tour 1WTC, qui se dresse désormais sur le site de Ground Zero. Au nord, TriBeCa (Triangle Below Canal St) et ses édifices industriels devenus lofts et restaurants chics.

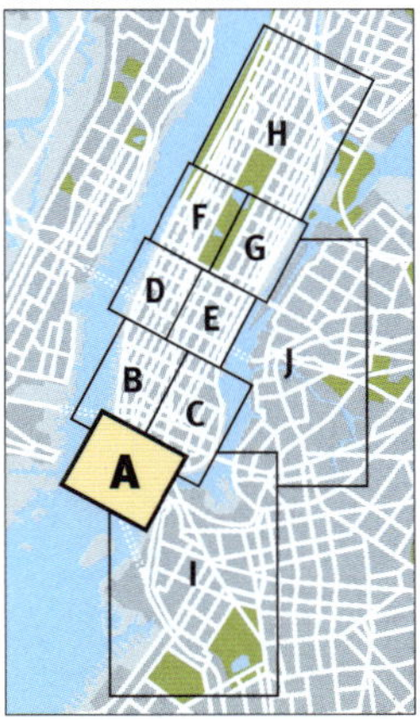

RESTAURANTS

Shake Shack (A B2)
→ 215 Murray St
Tél. 646 545 4600 Tlj. 11h-23h
Sensation new-yorkaise depuis l'ouverture du premier kiosque à Madison Square Park en 2004, le Shake Shack du chef Danny Meyer a fait bien des petits ! Sur place ou à emporter, une viande de qualité qui fond dans la bouche, et des frites crantées qui croustillent ! 5-15$.

Bubby's (A B1)
→ 120 Hudson St / N Moore St
Tél. 212 219 0666
Tlj. 24h/24 (fermé mar. 0h-7h)
Ce *diner* familial est devenu une institution à TriBeCa : on peut y goûter des pancakes moelleux le matin, un *mac 'n' cheese* ou un pain de viande plus tard, ou peut-être une part de tarte maison au milieu de la nuit ! Plat 9-28$.

Adrienne's Pizza Bar (A D4)
→ 54 Stone St
Tél. 212 248 3838
Tlj. 11h-0h (22h dim.)
Une petite enseigne animée, réputée pour ses pizzas et ses salades, à arroser de vins soigneusement sélectionnés. Terrasse dans la ruelle pavée dès qu'il fait beau. Pizza 15-24$.

Locanda Verde (A B1)
→ 377 Greenwich St / N Moore St Tél. 212 925 3797
Tlj. 8h-15h, 17h30-23h (23h30 ven.-sam.)
L'esprit bistrot et l'ambiance conviviale de cette adresse à la mode vont de pair avec une bonne cuisine italienne du marché, qui fait la part belle aux classiques. Plat 20-34$.

PÂTISSERIE, CAFÉS, BARS

Duane Park Patisserie (A B2)
→ 179 Duane St
Tél. 212 274 8447
Lun.-sam. 8h-19h, dim. 9h-17h
Madeline est une pâtissière hors pair : ses miniatures au chocolat sont à fondre, autant que les jolies verrines et les cookies extravagants, que l'on peut accompagner de thé, de café ou de chocolat chaud.

Edward's (A C1)
→ 136 W Broadway / Thomas St
Tél. 212 233 6436 Tlj. 9h-0h
Un de ces lieux sympathiques, vivants et chaleureux dont New York a le secret, à la fois café, bar et restaurant sans chichis. On y mange à bon compte ou on y fait une pause à toute heure.

Smith & Mills (A B1)
→ 71 N Moore St / Greenwich St
Tél. 212 226 2515
Tlj. 11h-2h (3h jeu.-sam.)
Le dernier lieu hype de TriBeCa, logé dans un ancien relais de poste, cultive le style récup' : meubles vintage, banquettes capitonnées ou chaises métalliques, plans de navires jaunis aux murs, et une cabine d'ascenseur qui fait office de WC ! Large choix d'alcools, salades et assiettes variées.

Brandy Library (A C1)
→ 25 N Moore St / Varick St
Tél. 212 226 5545
Dim.-jeu. 17h-1h (2h jeu.), ven.-sam. 16h-4h
Approche savante du cocktail dans cette "bibliothèque du brandy" élégante et feutrée, où l'on reste impressionné par

STATUE OF LIBERTY

ELLIS ISLAND IMMIGRATION MUSEUM

BATTERY PARK

WALL STREET

TRINITY CHURCH

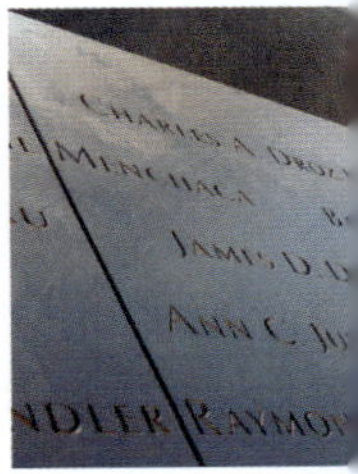
GROUND ZERO

Statue of Liberty (A A4)
→ *Ferry au départ de Battery Park*
Tél. 877 523 9849 Hiver : tlj. 9h30-15h30 ; été : tlj. 8h30-16h30
Élaborée à Paris par Auguste Bartholdi, *La Liberté éclairant le monde* fut acheminée vers New York, remontée et inaugurée en 1886. À l'intérieur, impressionnante charpente d'acier signée Gustave Eiffel. Au 2e étage, une exposition raconte l'histoire de la Dame verte.

★ **Ellis Island Immigration Museum (A A4)**
→ *Ferry au départ de Battery Park*
Tél. 877 523 9849 Hiver : tlj. 9h30-15h30 ; été : tlj. 8h30-16h30
Ellis Island, lieu de mémoire capital pour les États-Unis : y transitèrent, pour être enregistrés, 15 millions d'immigrants. Dans l'édifice néo-Renaissance (1900), l'émouvant musée de l'Immigration. À voir, le registre reconstitué avec les nom et profession des arrivants, des valises, des photos et des objets personnels d'époque. Fabuleuse muséographie interactive.

★ **Battery Park (A C4)**
L'ancien site de batterie d'artillerie au XIXe s., transformé en jardin. Au centre, Castle Clinton, édifié en 1812, servait à défendre l'île contre les Britanniques. Idéal pour un pique-nique, face à Staten Island et à la statue de la Liberté. Puis cap vers le nord, le long de l'Hudson : promenade vivifiante, ponctuée de bancs au bord de l'eau.

★ **National Museum of the American Indian (A C4)**
→ *1 Bowling Green*
Tél. 212 514 3700
Tlj. 10h-17h (20h jeu.)
Installé dans l'ancien hôtel des Douanes, le musée des Indiens d'Amérique se situe à l'emplacement même où le gouverneur Stuyvesant acheta l'île aux autochtones en 1626 ! Des expositions présentent l'histoire des "nations" indiennes.

★ **Museum of Jewish Heritage (A B4)**
→ *36 Battery Place*
Tél. 646 437 4202
Mi-mars-oct. : dim.-ven. 10
17h45 (20h mer. ; 17h ven.)
nov.-mi-mars : dim.-ven. 10
17h45 (20h mer. ; 15h ven.)
L'histoire culturelle et sociale des Juifs d'Europe siècle dernier, l'horreur d l'Holocauste et l'intégrati juive aux États-Unis.

★ **Wall Street (A D3)**
L'étroitesse de la rue do aux gratte-ciel une ampl étonnante. Au 8-18 Broa St, derrière la façade du New York Stock Exchang la plus grande Bourse mondiale, se déroulent

CONEY ISLAND

GREENWICH VILLAGE, MCDOUGAL STREET

DE MANNAHATTA À MANHATTAN

Vers 3000 av. J.-C. Sédentarisation de communautés indiennes
1524 Première incursion, de Giovanni da Verrazzano
1624 Une colonie est fondée dans le sud de l'île de Manhattan, la Nouvelle-Amsterdam
1664 Conquise par les Anglais, la colonie est rebaptisée New York
1820 Ville la plus peuplée des États-Unis
1900 Premier port du monde ; les immigrants affluent à Ellis Island
1919-1933 Prohibition
2001 Attentats du 11 Septembre

ÉCHAPPÉES

ÉCHAPPÉES

Manhattan
The Cloisters
→ *Fort Tryon Park M° 190th St (ligne A) Tél. 212 923 3700 Tlj. 10h-17h15 (16h45 nov.-fév.)*
Des cloîtres médiévaux importés d'Europe !
Morris-Jumel Mansion
→ *Jumel Terrace / 160th St M° 163rd St (C) Mar.-dim. 10h-16h*
Sur les hauteurs de Harlem, une demeure palladienne de 1765.
Queens
Flushing Meadows-Corona Park
→ *M° Mets-Willets Point (7)*
Le parc de l'Exposition universelle de 1939.
Brooklyn
Coney Island
→ *M° Coney Island (D, F, Q)*
La plage à New York !
Brighton Beach
→ *M° Brighton Beach (B)*
L'Ukraine sur mer.
Bronx
New York Botanical Garden
→ *2900 Southern Blvd M° Bedford Park Blvd (B, D, 4) Tél. 718 817 8700 Mars-déc. : mar.-dim. 10h-18h ; jan.-fév. : mar.-dim. 10h-17h*
Un des plus grands jardins botaniques au monde...
Bronx Zoo
→ *Bronx River Parkway M° Pelham Parkway (2, 5) Tél. 718 367 1010 Tlj. 10h-17h (16h30 hiver)*
... et l'un des plus grands zoos !
Hamptons
→ ***Train LIRR** Penn Station-Westhampton (2h, 54$ A-R)* ***Bus Hampton Jitney*** *Upper East Side-Westhampton (2h30, 54$ A-R)*
Une villégiature huppée au bord de l'océan, à 2h de New York !

Foule réunie à Times Square (**D** E3) pour la descente de la New Year's Eve Ball et le décompte en chiffres lumineux à partir de 23h59.

ARGENT

Taxes
Attention, une taxe de 8,375 % est ajoutée aux prix affichés sur tous les biens de consommation courante (nourriture, hi-fi) sauf dans l'habillement pour des achats inférieurs à 110$ (taxe réduite à 4,375 %).
Budget
Une chambre standard : 220-320$.
Un repas : 20-50$.
Un café : 4-5$.
Un verre de vin : 10-15$.
Une entrée au musée : 20$.
Un show à Broadway : 120-150$.
Tarifs réduits musées
Pour les étudiants et les plus de 60 ans. Variable.
Gratuité musées
Les tarifs des musées sont souvent élevés : alors mieux vaut connaître ces astuces !
Pay-What-You-Wish
→ *Donation suggérée au Met, au Museo del Barrio, au Brooklyn Museum, au MoMA PS1, au Museum of the City of NY, etc.*
Gratuité ou Pay-What-You-Wish hebdomadaire
→ *Mer. 16h-20h au Museum of Jewish Heritage*
→ *Jeu. 19h-21h au New Museum of Contemporary Art, 18h-21h au Museum of Arts and Design, 11h-21h au Museum of Chinese in America*
→ *Ven. 16h-20h au MoMA, 18h-21h au Whitney Museum, et à l'Asia Society, 18h-20h à la New York Historical Society, 19h-21h à la Morgan Library, 18h-22h au Rubin Museum of Art ; 10h-17h au Noguchi et 18h-20h à la Neue Galerie le 1er ven. du mois*
→ *Sam. 17h45-19h45 au Guggenheim Museum*
→ *Dim. 11h-13h à la Frick Collection, 12h-18h au Studio Museum in Harlem*
Carte City Pass
→ *Vendue dans les musées et monuments concernés Prix 114$ (valable 9 j.)*
Libre accès à diverses attractions : Empire State Building, Top of the Rock, Metropolitan Museum of Art, Guggenheim Museum, American Museum of Natural History, MoMA, etc.

HORAIRES

Restaurants
→ *En général, tlj. 11h-23h30 (env.), pause 15h-17h/18h*
Ferment souvent plus tôt le dim. (parfois la journée).
Magasins
→ *En général, tlj. 10h-19h Grands magasins : tlj. 9h-20h30*
Musées
→ *En général, 10h-17h Caisses fermées 30 min avant*
Ouvert la nuit
Restaurant Yaffa Café (**C** B3)
→ *97 St Mark's Pl. Tél. 212 674 9302 Tlj. 9h-6h*
Pharmacie
Duane Reade (**D** D1)
→ *250 W 57th St / Broadway Tél. 212 265 2101 Tlj. 24h/24*

SE RESTAURER

Près de 20 000 restaurants et toutes les cuisines du monde.
Spécialités
À goûter impérativement : un bon burger dans un bar, un Reuben sandwich (pain grillé, pastrami ou corned-beef, chou) dans un *deli*, un New York cheese-cake.
Bars ou restaurants ?
À New York, on peut boire un verre dans un restaurant et commander un steak dans un bar. Pas toujours évident de distinguer les deux !
"Delicatessen"
Épiceries-traiteurs de spécialités juives. Dans certains, comme le célèbre Katz's Deli (**C** B4), on peut manger sur place. Bagels, sandwichs géants au pastrami...
"Diners"
À l'origine, restaurants en forme de wagon. Cuisine américaine classique : omelettes, burgers, salades, viandes...
Pourboires ("tips")
Environ 18-25 %. Un bon moyen de calculer : multiplier la taxe (indiquée sur la note) par 2 et rajouter un peu. Bars : 1$ par verre.
Réservation
Afin d'éviter la queue, souvent interminable, pour avoir une table, réserver chaque fois que possible. Très pratique, le site *www.opentable.com* : on y choisit l'heure et le restaurant.

SORTIES

Réservation spectacles
Ticketmaster
→ *Tél. 212 307 4100 / 212 307 7171 (théâtre et concerts) www.ticketmaster.com*
Réservation et achat de places de théâtre.
TKTS Broadway (**D** E2)
→ *Duffy Square, 226 W 47th St Mer.-lun. 15h-20h (19h dim.), mar. 14h-20h Matinées : mer., sam. 10h-14h ; dim. 11h-15h www.tdf.org*
Billets spectacles réduits (- 25 à - 50 % + com. 4$) le jour même.
Info spectacles, cinéma
The Village Voice
→ *Tous les mer. (gratuit)*
Time Out New York
→ *Tous les mar. (en kiosque)*
New York Mag
→ *www.nymag.com*
Bars
Pièce d'identité obligatoire. Interdits aux - de 21 ans.

SHOPPING

À SoHo, NoLIta ou Williamsburg pour les boutiques branchées, Chinatown pour l'exotisme, sur 5th Ave. pour les chaînes et les grands magasins, sur Madison Ave. pour les créateurs de luxe.
Soldes
Deux fois par an, à Noël et en juil.-août. Aussi au bon vouloir des boutiques.
Supermarché
Target (**H** D3)
→ *517 E 117th St / East River Tél. 212 835 0860 Tlj. 8h-23h (22h dim.)*
Immense, pour faire ses courses à l'américaine ! Des idées de cadeaux pas chers pour la maison, des bonbons et biscuits, et des microcollections de mode créées en collaboration avec des designers américains.

NEW YORK AUTREMENT

Liberty Helicopter Tours
→ *Tél. 212 967 6464 150 à 225$/pers.*
Spectaculaire !